从创业到卓越

[美] 博恩·崔西（Brian Tracy）
马克·汤普森（Mark Thompson） 著
赵竞欧 译

打造出众企业的 7个关键点

NOW, BUILD A GREAT BUSINESS!

中国科学技术出版社
·北 京·

Now, Build a Great Business!: 7 Ways to Maximize Your Profits in Any Market by Mark Thompson and Brian Tracy.

Copyright © 2011 Mark Thompson and Brian Tracy.

Published by arrangement with HarperCollins Leadership, a division of HarperCollins Focus, LLC.

北京市版权局著作权合同登记 图字：01-2021-7114。

图书在版编目（CIP）数据

从创业到卓越 /（美）博恩·崔西，（美）马克·汤普森著；赵竞欧译 . —北京：中国科学技术出版社，2022.3

书名原文：Now, Build a Great Business!: 7 Ways to Maximize Your Profits in Any Market

ISBN 978-7-5046-9442-3

Ⅰ . ①从⋯ Ⅱ . ①博⋯ ②马⋯ ③赵⋯ Ⅲ . ①企业管理—创业 Ⅳ . ① F272.2

中国版本图书馆 CIP 数据核字（2022）第 042502 号

策划编辑	杜凡如　褚福祎		**责任编辑**	申永刚
封面设计	马筱琨		**版式设计**	蚂蚁设计
责任校对	张晓莉		**责任印制**	李晓霖

出　　版	中国科学技术出版社
发　　行	中国科学技术出版社有限公司发行部
地　　址	北京市海淀区中关村南大街 16 号
邮　　编	100081
发行电话	010-62173865
传　　真	010-62173081
网　　址	http://www.cspbooks.com.cn

开　　本	880mm×1230mm　1/32
字　　数	155 千字
印　　张	8
版　　次	2022 年 3 月第 1 版
印　　次	2022 年 3 月第 1 次印刷
印　　刷	北京盛通印刷股份有限公司
书　　号	ISBN 978-7-5046-9442-3/F·988
定　　价	65.00 元

（凡购买本社图书，如有缺页、倒页、脱页者，本社发行部负责调换）

序一
FOREWORD

哈佛商学院教授西奥多·莱维特（Theodore Levitt）有句名言：
"企业真正的目的就是创造和维系客户。"他强调了客户满意度的
重要性，认为客户满意度是衡量每个组织成功与否的真正标准。

本书的主题是，作为企业家或企业高管，你必须做出什么才可
以得到客户这样的称赞——"这是一款伟大的产品！"正如莱维特
为了启发我们而提出的问题："客户注重的是什么？"

在这个瞬息万变的时代，组织能否成功，90%取决于其能够
为客户提供卓越服务的频率和持续性。

现在，本书将向读者展示如何通过专注于卓越的领导力、出色
的人才和伟大的产品来构建组织。

成功，是反复做正确的事情的结果。本书展示了在战略的每
个阶段，如何来衡量每个领域的进展。

我的朋友马克·汤普森和博恩·崔西非常清楚最好的领导者
需要怎么做，才能带着勇气、诚信和坚韧获得成功。多年来，我有
幸与他们合作，并深深敬佩他们的知识储备量和商业头脑。最重
要的是，我敬佩他们有关服务客户的真诚承诺。

"服务即生存",对于汤普森和崔西来说,这不是一个陌生的概念,因为他们是两位伟大的思想者。

本书是一本不可或缺的成功手册,为诸位提供了一条切实可行的道路,能够激励组织更快地成长,原因在于现在,组织比以往任何时候都具有更强的可预测性,能够更好地服务于客户。请在"从创业到卓越"的道路上,享受本书吧。

弗朗西斯·赫塞尔本(Frances Hesselbein)

美国西点军校领导力研究所(Study of Leadership at the U.S.Military Academy, West Point)联合创始人、主席和首席执行官,领导力学院(Leader to Leader Institute)主席

序二
FOREWORD

你是否做好准备重新让业务量增长？你是否愿意采取大胆的新行动来吸引更优秀的人才，并赢得更多能让你赢利的客户？如果答案是肯定的，那么寻求中肯建议之处会在哪里？今天，大多数领导者面临的挑战是如何找到切实可用的指导以用于制定必要的战略和行动计划，使公司能够快速、有成效地发展，而不是像大多数顾问提供的"指导"那样，都是语焉不详的"哲理"，听上去特别富有智慧但实际毫不实用。

在本书中，你将找到深入浅出的、经过实战考验的方法，从而以正确的顺序思考组织加速增长过程的每一步。本书不苛求学术上的复杂，你将确切地了解到需要做出何种行动和如何行动，以获得对未来的全新视角。

在本书介绍的七大基本步骤中，业务增长专家马克·汤普森和博恩·崔西将帮助你和你的团队制定可持续战略，以吸引优质客户并招募更好的领导者来服务客户。你将探索创造更有效计划的微妙之处，这些计划曾经成功帮助过许多管理者和企业家。

你将看到创造或破坏一份持久的客户体验都很容易，并在客户

最重要的领域探索如何设置更好的业务优先级。

　　最重要的是，本书提供了7个看似简单的问题，你可以问问自己和团队这些问题。若你们能认真对待这些问题，会节省大量时间、金钱和心力。这些问题的不同答法可能会成就你的事业，也可能会破坏你的事业。

　　大多数领导者并未及时意识到，探讨这些问题（包括发展公司和事业）的最关键时刻，就是世界在剧烈变化的时候。当竞争对手挣扎于努力跟上快速变化的步伐时，最大的机会才得以出现，而且在许多情况下，赢利最高和最持久的企业会重拾最佳状态，或找到自己的成功魔劲 ❶。此时此刻，就是您摆脱平凡的最佳时机。

　　本书旨在帮助读者解决企业未来所面临的重要议题，有助于读者取得个人成功。还等什么呢？阅读本书，创业，且实现卓越吧！

　　马歇尔·古德史密斯（Marshall Goldsmith）
　　作家，著有畅销书《魔劲》（*Mojo*）和《魔鬼管理学》（*What Got You Here Won't Get You There*）；《福布斯》（*Forbes*）"全球50大商业思想者"之一

---

❶ 指对当下正在做的事情所抱持的一种由内向外散发出来的积极的精神。——编者注

前言

纸上谈兵该结束了，是时候开始行动了。我们正处于前所未有的商业动荡之中。尽管经济风暴终将结束，一如既往，但过去的商业运行模式将不再是主流。今天，竞争比以往任何时候都更加激烈，挑战更大，要求更高。企业生存和繁荣的途径之一是，成为一家能够抵御市场冲击的卓越企业，并成为行业的佼佼者。

市场上充斥着各种商业书，描述一个优秀企业应该是什么样子。这些描述非常具有启发性和鼓舞性，让你立志成为理想的领导者，经营那些书中所描述的理想企业。

然而，本书有所不同。本书旨在制定规范，阐释实现企业卓越的7个关键因素，以及必须做什么才能实现企业卓越。本书并未全篇通讲理论，而是列出可以立即采取的实际措施，并清楚地阐释该如何准确衡量企业在这些措施中的每个步骤中的表现。

你将从中了解到需要做什么，如何做以及每天和每月需要关注的关键数字。你将学习如何设定明确的目标，并为其附加有意义的指标。你将学到各行各业的卓越企业所采用的优秀、实用且行之有效的技术和战略，最终建立自己的高能量、高士气、高收益的

企业。

本书将介绍如何吸引新客户、保留回头客，并让回头客们再带来新客户。本书将告诉你如何将时间、金钱和资源集中在收益最高的产品、服务和活动上。

本书揭示了如何快速取得更优秀、更可预测的结果，尤其是财务结果，以及如何创造一种持续改进的企业文化，从而领先于竞争对手，并不断扩大该领先优势。在学习如何从当下奔赴向往的未来之时，你将了解到如何衡量每个关键变量，以及如何对每个重要领域进行改进。特别是，你将学习如何一次又一次地触发公司内外的人做出相同的回应，他们会异口同声地说："这是一家卓越的企业！"

本书提供了一系列清晰、简单、实用的方法和技巧，你可以利用这些方法和技巧建立卓越的企业，让我们现在开始吧。

目录
CONTENTS

第一章　成为卓越的领导者　　　　　　　／001

第二章　优秀的商业计划　　　　　　　　／041

第三章　打造优秀的团队　　　　　　　　／069

第四章　提供优秀的产品或服务　　　　　／105

第五章　设计卓越的营销计划　　　　　　／133

第六章　打造卓越的销售流程　　　　　　／171

第七章　创造卓越的客户体验　　　　　　／205

第八章　总　结　　　　　　　　　　　　／235

第 一 章

成为卓越的领导者

信念，不是一味被动忍耐，直至风暴过去。相反，它是承担一切的精神——是的，会有无奈，但最重要的是，怀抱炽热而平和的希望。

——科拉松·阿基诺（Corazon Aquino）

第十一任菲律宾总统

领导力是企业成功的重中之重。简单地说，领导力是领导者无论外部形势或压力如何，都愿意承担一切后果，并恪尽职守。

领导者是愿意尽一切努力来成就事业的人。成功不会一蹴而就，领导者可能会面对一次又一次的失败。他们并不享受失败，但面临困境时决不放弃。事实上，正是在经济困难时期和重大危机中，你作为领导者的品质才会真正凸显。

为何如此？因为在困难时期，竞争对手可能会为了安全和生存

奔波，不再专注于客户，不再注重产品或服务的质量。他们会削减服务，减少创新投入，大规模、多级别裁员。因此，实际上这个时期会有更多优秀的人得到重新选择工作的机会，可以和你一起奋战。

在危机中，组织往往会重新找回初心，正是这份初心成就了其伟大。在危机中，领导者必须做出更大胆的抉择，这将成就其未来的卓越。有句谚语："北风造就了维京人。" ❶ 在危机中，你有机会重新点燃斗志，找到更好的方法来赢得客户。

✍ 领导力不可或缺

当今时代，超越过往，你的领导力不可或缺。此时，正是你以全新的方式挺身而出之时。此刻，正是你反击、前行、创新的良机。你应寻找更快、更好、更简单、更实惠的方式创造佳绩。

此时此刻，你的市场抉择将对你的企业和业务产生前所未有的影响。古罗马哲学家爱比克泰德（Epictetus）曾写道："时势并不造英雄，时势只是让英雄看清自己。"

与任何其他单一因素相比，领导者掌控全局、做出重大决策、

---

❶ 意指苦难造就成功。——译者注

承担责任和有效领导的能力，对团队或组织的成功有着更大的影响。你为成为一个更有效的领导者所做的每件事情，都会对整个组织产生倍增的效果。

危机中的机遇

人们经常抱怨经济萧条或竞争激烈，但许多最优秀的领导者，都是在最糟糕的时候开创事业或带领组织度过最艰难的境遇。

20世纪70年代，美国陷入了一个"滞胀"的时代，伴随着高利率、高油价以及不景气的股票和房地产市场。经济学有个概念称之为"失去的十年" ❶。

然而，正是在20世纪70年代，伟大的企业家们实现了无数不可能之事。在恐怖主义威胁、大规模破产、石油紧缺、放松管制和市场泡沫中，像查尔斯·施瓦布（Charles Schwab，嘉信理财集团创始人）、乔布斯和赫伯·凯莱赫（Herb Kelleher，美国西南航空公司创始人）这样的企业家都做出了一个非凡的判断。他们认定：这是一个创办公司的大好时机！

---

❶ 指一个国家或地区陷入长期的经济不景气的状况持续达10年左右才逐渐转好的情况。——译者注

无论是像穆罕默德·尤努斯（Muhammad Yunus，孟加拉国经济学家）或纳尔逊·曼德拉这样的诺贝尔和平奖得主，还是像理查德·布兰森（Richard Branson，英国维珍集团创始人）或奥普拉·温弗瑞（Oprah Winfrey，美国著名节目主持人、企业家）这样的企业家，都不会坐等"合适的时机"来到才着手行动。艾伦·穆拉利（Alan Malally ）[1]不只是接受了福特公司的一份工作，他是抓住了一个巨大的机会，在公司和国家最需要他的时候掌舵，并在未来大有作为。

有远见卓识的人往往具备这样一种令人惊讶的本事，即在似乎最不适宜的时机放手一搏。而当人们真正审视他们创业时的境况，会发现当时正是其对手们认为最糟糕的时候。在局外人的眼中，这些拥有远见卓识之士，做出这一抉择轻松而完美，而事实却大相径庭。

华特·迪士尼、威廉·休利特（William Redington Hewlett，美国电气工程师，企业家）、戴维·帕卡德（David Packard，惠普有限公司创始人之一）、托马斯·约翰·沃森（Thomas John Watson，国际商业机器企业创始人）和爱迪生（当他为通用电气创造出自己的愿景时）都是在惨淡的市场中开启了他们实现梦想的旅程。联邦快

---

[1] 2006年临危受命接任福特公司总裁，带领福特扭亏为盈。——译者注

递（FedEx）、《体育画报》(*Sports Illustrated*)、凯悦（Hyatt）、维基百科（Wikipedia）、全球音乐电视台（MTV）和乔氏超市（Trader Joe's）等公司，正是在大衰退中及时敞开大门。而许多其他企业，则在大衰退中一败涂地。甚至包括谷歌，也是赶在20世纪末互联网泡沫破灭前成立的。

1980年，吉米·卡特在竞选连任中输给了里根，就在那个大选之夜，里昂·查尼（Leon Charney，美国房地产大亨、主持人）购买了他的第一座大楼。当时的银行存款利率是两位数，而房地产市场则是一片萧条。他将这栋楼的租金收入用于投资购买周围的12座大楼，在时代广场的黄金地段，他投资了总计140万平方英尺（约0.13平方千米）的房产。他未曾想过自己会成为亿万富翁，也没有想到自己会成为福布斯美国400富豪榜的成员。

互联网泡沫时期，王传福创办了比亚迪集团，当时没有人关心这位前大学教授在绿色、无排放、电池驱动的电动汽车等领域所怀抱的"幻想"。2008年，巴菲特出资购买比亚迪10%的股份。2009年，王传福跃居中国首富。

🔗 并不卓越的起点

许多经久不衰的组织不仅诞生于不景气的市场背景之下，而且一开始也拥有不被人看好的产品。卓越企业有短暂、不那么成功的起步,类似的例子不胜枚举。

传奇的例子比比皆是。惠普公司如今家喻户晓,且仍在快速成长。但一开始并非如此,在惠普公司的第一批电子产品中,有一个小便池自动冲水装置和一个供减肥者使用的"电击"机,这两个产品在市场中都一败涂地。

万豪国际集团作为2010年《财富》(Fortune)杂志最受推崇的公司之一,却并非以酒店业务起家,它的前身是一个啤酒小店。宝洁公司最初只是辛辛那提的一家蜡烛和肥皂的制造商。

芬兰工程师弗雷德里克·艾德斯坦(Fredrik Idestam)在诺基亚河畔开设了一家木浆厂,并在制造卫生纸方面取得了成功,该工厂随后被芬兰橡胶厂收购,将业务扩展到制造橡胶制品。1979年,诺基亚推出了世界上第一个国际蜂窝网络系统——北欧移动电话网络。之后诺基亚成为广为人知的手机和数码相机制造商。

技术巨头威普罗有限公司(Wipro)最初在印度从事菜籽油业务,然后一路跌跌撞撞断断续续进入肥皂行业,甚至一度制造液压缸。最终,阿齐姆·普莱姆基(Azim Premji)将威普罗有限公司转化为一家著名软件出口商。

查尔斯·施瓦布的前期创业项目都并未达到自己的高期望,

但最后他创造出一个折扣经纪商业务 ❶，该业务广受欢迎，以至于让施瓦布的嘉信理财集团在20世纪80年代被当时世界上最大的银行——美国银行收购。然而，该笔交易并没有如大家想象般成功，几年后，施瓦布用超过4倍的价格将自己的公司重新买了回来！

🡒 历尽艰难后的雨过天晴

施瓦布将自己坚毅的品格归功于曾见证过大萧条时代的父母 ❷。父母培养了他从小立下壮志，要帮助数百万人实现财务独立。尽管处于艰难时代，优秀的家庭依然会培养出许多像施瓦布这样的领导者，但概率也绝不是如一般人想象的那么高。许多卓越领导者的人生中既没有时机，也没有家庭背景能给他们一个好的起点。

波洛克面对人生每一个关键时刻时，都要为了改变命运而做出抉择。在波洛克的青少年时期，她的人生导师从越南战争归来，在战争中失去了双腿。波洛克因此饱受打击，痛苦不已，但她将悲伤转化为了行动，她报名成为陆军护士。

---

❶ 指以最低佣金标准来为投资者进行投资服务，折扣经纪商多数不提供研究咨询等其他服务。——译者注

❷ 指1929—1933年全球性的经济大衰退。——译者注

2006年，美国军队医院因质量相关问题爆发争议，波洛克临危受命，出任卫生局副局长，此举极有可能造成其无法完成使命，甚至是职业生涯的毁灭。但波洛克承受住了巨大的压力，终于重新扭转了美军陆军医院的形象。

领导力是关键

如上所述的种种人物的共同点是什么？是拥有领导力。

要成为成功的领导者，需要结合两个要素：性格和能力。领导者必须正直，能让人信任并愿意追随。

若要在商业竞争中获得信任，你必须值得信任。你必须相信自己、相信企业、相信产品和服务的本质优势，以及相信自己的员工。要相信自己所提供的产品或服务在各方面都非常优秀、能够改变客户的生活。你必须以身作则，激励他人共同参与这个激动人心的项目——建立一个卓越的企业。

同时，你必须在和领导力相关的关键能力和职能方面表现突出，并在整个职业生涯中为自己设定一个持续改进的方向。

"要保持谦逊，时刻提醒自己，必须在所做的每件事情上力求更好，"当我们与亚马逊创始人杰夫·贝佐斯（Jeff Bezos）交谈时，他坚持如此认为，"我不了解你们的情况，但我永远不会停止让企业和我本人继续成长。"

第五级领导者

　　管理大师吉姆·柯林斯（Jim Collins）用"第五级领导者"这一短语来描述顶级领导者的特征。第五级领导者最吸引人、最显著，也最常被人误解的特征，就是谦逊。

　　然而，谦逊并不意味着卑微。那些疯狂到在经济环境极为不景气的时候创业，然后与巨人般的对手勇敢比拼的人们，未曾卑微。谦逊意味着拥有"热烈的、强劲的、不懈的努力和取胜的雄心"，柯林斯告诉我，"而不是自欺欺人地认为自己无所不知，永不犯错。"

　　第五级领导者不会认为自己已经十全十美，而只是相信自己拥有成功所需的条件，并可以变得更好。他们总是在寻找新的方法，过关斩将，更上一层楼。

　　贝佐斯相信自己可以创造一种全新的"虚拟"零售商店。贝佐斯能使自己企业的使命如此之大，能将公司命名为"亚马逊"，足以证明他绝不卑微！然而，在当时客户服务并不盛行、互联网时代的竞争对手也相互抵触的情况下，他谦逊地制订了一份商业计划，在客户服务方面，将重点放在提高领导力上。

　　当其他互联网企业飞速扩张时，亚马逊依然执着于让产品更有

序并使其服务比任何对手都更为周到，极具讽刺意味的是，这引发了人们对亚马逊成长"较慢"和似乎毫无利润的抱怨。当互联网泡沫破灭时，亚马逊得以幸存并日益繁荣，而其他多家公司则崩溃瓦解。2004年，贝佐斯首次让企业实现年度盈利。这种谦逊的态度，再加上致力于不断改进个人和组织的纪律，才能使领导者不仅在岗位上获得"制胜优势"，还能使企业在竞争中脱颖而出。

你是否曾想过，一家电商企业会跻身客户服务领域的前25名，与像丽思卡尔顿（The Ritz-Carlton）这样的企业列入同一榜单？而酒店的经营模式是拥有实体建筑，并且工作人员会亲自服务客户，亚马逊的电商模式与这一传统模式大相径庭。《商业周刊》（*Business week*）和市场研究机构君迪（J.D.Power）在其2010年的年度客户服务评选中高度赞扬亚马逊。

正如我们将在本书中广泛讨论的那样，赢得客户和建立业务的关键在于，和所有市场上其他替代选项相比，做到更为超越客户预期，这需要各个层面的领导力。即使是大衰退，也挡不住亚马逊争夺消费者的脚步。

成功者不是单枪匹马

没有人能够完全形单影只地完成任何有价值的事情。作为领导者，你的职责是带领他人取得成果。充分利用员工的最佳方式之一就是将他们视为志愿者，就好像他们是自愿为你工作一样——因为他们确实如此！你支付员工薪水，并不代表最优秀的人必须要为你工作。他们是自由之身，可能随时走人，实际上他们也经常会这样做。

由于每个人在某些方面（往往是在许多方面）各不相同，因此，优秀的领导者在与他人合作的方式上会具有很大的灵活性。有些人非常需要赞扬，也有些人需要其他不同的激励来做好工作。能否充分调动下属，是衡量领导者领导力有效性的关键。

📌 领导力的 3P 原则

领导力的3P原则对领导者了解自己和团队成员都至关重要。最重要的是，它是实现企业巅峰表现的关键。

（1）目的（Purpose）：为什么你做的事对别人很重要？究竟为何要做这件事？你为什么一早起来开始上班，为这家企业、在这个行业工作，面向这样特别的客户群体生产这样的产品，提供这样的服务？你的目的定义了你希望如何帮助或改善客户的工作或生活。

（2）激情（Passion）：什么事会让你激动？这个问题涉及你的工作情感，到底什么是你人生中重要的事情。目的是人们对服务他人的自我评估，而只有在做自己所热爱的事情时，人们才会拥有激情。当你正在做一份适合的工作时，会感受到源源不断的能量。你会喜欢自己的工作，也喜欢了解更多关于工作的事情。你喜欢与他人谈论自己的工作，并景仰所在领域中最优秀的人。

不妨想象，此时你已获得财富自由，你的工作、身份和财富已经没有任何局限。此时你最想做的事情是什么，即使是毫无报酬的事情？这个答案往往就是你的激情所在。

（3）绩效（Performance）：要想实现目标，需要一步一步地走。所谓绩效，即将梦想分解为可操作的步骤，每一天，你和团队要对这些步骤负责。所谓绩效，即在目的和激情交汇处取得成绩。正如我们做的"世界成功调查"所体现的那样，挑战在于，如何在自己必须为世界做些什么（目的）和自身激情之间找到平衡。当找到这个平衡后，就可以创建目标，有的放矢，并持续成功。

当好人过早设定目标，坏事就会发生。只有找到对他人重要的事情，以及自己喜欢做的事情之后，你才能得以长期、成功地实现多个目标。

🔹 和风有关的企业之梦

25年前，德国企业家阿洛伊斯·沃本（Aloys Wobben）在自家后院"卑微地"做出了第一台风力发电机。他的家乡临近微风习习的波罗的海，那里给了他做风车的灵感，他从小就喜欢摆弄类似的小玩意儿，希望自己的发明有一天能够帮助别人。当他带着激情发明了一台有用的机器，并且找到了一个欢迎该机器的市场时，他为自己设定了目标和计划——建立卓越的企业。

今天，爱纳康公司（Enercon）是世界第4大风力发电设备生产企业，其生产的涡轮机遍及约30个国家。沃本永远不会放弃自己的初心——对工程学的激情。但让他在商业上如此成功的原因是，他相信自己可以用这种激情来改变世界。

沃本的故事展示了我们所说的领导力的3P原则的含义。沃本被一种目的感所驱动，他的使命是为世界提供动力。此外，他还找到了志同道合之人，即认为这项工作有着和沃本感受到的同样的重要性和紧迫性的人。风力发电机是沃本的激情所在，也是这些人的激情所在。沃本自己一个人在车库做发明也许颇有乐趣，但和一群志同道合的专业人才一起工作，会让所有人都更加快乐。有了目标和激情的和谐运作，沃本能够招募到同样充满激情的人，大家共享同一个愿景，即创建一家高绩效、卓越的公司。

做自己热爱的事

你热爱做什么事情？工作中哪些部分给你带来最大的满足感和愉悦感，特别是当你把这些工作完成得特别好的时候？如果可以任选一种工作，你会如何选择？你的选择会与今天的现实有何不同？

查尔斯·施瓦布从13岁起就热衷创业和投资，但他还是经历了数次失败。只有当他将对投资的热情与将事情简化的天赋结合起来，才会取得持久的成功。施瓦布患有阅读障碍，从小面对的挑战就是如何将问题分解成步骤较少、内容较简单的部分来应对。在这样做的过程中，他找到了对其他人来说很重要的，他做事的真正目的——让普通投资者的投资更容易、更便宜、更方便。

乔布斯的著名故事是，他在车库中组装电脑，造就了苹果公司。乔布斯的愿景是把电脑带入千家万户，这可是个宏伟的目标。但这不能阻止乔布斯投身学习书法，满足自己对艺术和美学的激情。只有当他将个人对设计的热情与一个目的——创造易于使用的电脑，从而"改变世界"——相结合，苹果公司才终得诞生。

应用领导力的 3P 原则

所有领导者都必须确定优先事项。每天都充满非此即彼的选择，但当面对领导力的3P原则时，成功人士往往会选择全部3个P，而不是其中一个。

当激情与目标保持一致时，你就会表现出最佳状态。请思考：你能够为别人做很多不同的事情，你也有很多个人兴趣。关键在于要找到最热爱的事业与最大激情的交集。当你这样做的时候，将这种激情转化为绩效就水到渠成了。而当你找到这样一个团队：所有成员的目的、激情和绩效均与其工作相匹配，此时，整个团队就会变得势不可当。

不妨问一下自己：你知道员工的3P原则吗？

要在他人身上建立激情，你必须首先表现出个人的激情。向员工展示你对目标和企业成功的承诺。确保团队中的每个人都能超越以往水平地发挥能力。

领导者应该拥有为团队激情和公司宗旨献身的精神，应该通过对员工和企业忠诚来激发他人的忠诚，还应该通过不断的鼓励和积极的强化来建立他人的勇气和信心。

这正对应了那句谚语：最杰出的领导者往往只是做出非凡之事的普通人。卓越的领导者能够挖掘普通人的目的感和激情，并激发他们的非凡表现。能够将一群人团结一致、组建一支高绩效团队，是作为领导者的你可以培养的最重要的能力，有了这些能力，你才能够获得卓越的成果和持续的职业和个人成长。

🔹 领导者可后天铸就

彼得·德鲁克写道："也许有天生的领导者，但能够依仗天资的人实在太少，少到在时代的浪潮汹涌中默默无闻。"

领导者是自我造就的，他们持续不断地进行自我完善。《财富》杂志作者杰夫·科尔文（Geoffrey Colvin）在他的《哪儿来的天才？：练习中的平凡与伟大》（*Talent Is Overrated*：*What Really Separates World-Class Performers from Everybody Else*）一书中说，大多数商业领袖在其职业生涯的开始阶段，并未表现出卓越的才干和能力。但多年来，这些商业领袖一直致力于长期的"刻意练习"，确定自己的必要技能，并将这些技能提高到更高水平。他们发展一个个的关键技能，就好像在拼一幅拼图，直至将同事和对手远远甩在身后。

从长远来看，成功并非偶然。领导者通过不断学习和实践，才能拥有一个持续的成长过程。在我们对110个国家的领导者们进行的"成功调查"中，我们从有成就的人那里听到，他们从失败中学到的东西比从成功中学到的更多。

你已经投入了诸多时间、精力、金钱和声誉，现在可以收获全部投资回报。请不断地问自己："我可以从这个问题或情况中学到什么？"不要浪费自己从错误中吸取教训的机会。

■ **在劣势中收获优势**

"没有人比我犯过的错误更多，"宜家创始人英格瓦·坎普拉德（Ingvar Kamprad）在接受我们的采访时承认。正是这个自称来自瑞典南部的"农场男孩"，创立了宜家这一平价家具巨头。与施瓦布和其他知名企业家一样，坎普拉德也有阅读障碍，他认为自己成长过程中所经历的种种挑战，让他成功后更富同理心。

卓越的领导者会将伤痛转化为智慧。他们利用自己点滴的独特性来成就事业。坎普拉德认为，正是这些挣扎让自己变得更加坚强，更致力于让事情变得简单，让普通人也能接受。克服别人眼中的弱点，并将其转化为优势，是一种非常值得培养的才能。

关键点在于，你必须一直向其他人学习，这样才能纠正行不通的做法。"现在有 10 万人为我工作，就是因为我犯过太多错误，"坎普拉德和我们开玩笑地说道，但随即变得非常严肃，"你的工作就是让工作能力变得越来越强。"

■ **给予赞誉并承担责任**

坎普拉德说："领导者不需要头衔，领导者需要的是能够承担责任。"

"出现问题时，每个人都想责怪别人，说这不是我的错，"坎普拉德强调，他指向身边的人，露出指责的表情，皱着眉头，"因此我们需要一个人站出来承担责任。"

领导者的职责所在，就是予以赞誉并承担责任。这意味着，不再责怪，也不找借口。这意味着，当事情进展顺利时，要把功劳归于使之实现的人。当出现问题时，作为领导者要站出来承担责任。你是做出艰难抉择、凝聚团队、让所有人朝着共同目标努力的那个人。是否拥有实现这种共同目标感和承诺感的能力，是领导者是否具有有效性的关键。

诗人奥利弗·温德尔·霍姆斯（Oliver Wendell Holmes，Sr.）曾指出，人分为三种。第一种是一小部分人，也许是我们中的5%，他们让事情发生。第二种是一个更大的群体，也许占人口的10%~15%，他们观察正在发生的事情。第三种是绝大多数人，也许是80%，他们对正在发生的事情一无所知。

卓越的领导者属于第一种，他们不会怨天尤人，而是用行动取得进步。当领导者付诸行动时，就会培养出一种能力，该能力能够激发普通人的非凡表现。

■保持行动导向

卓越的领导者和优秀的执行者最容易被识别的特点是强烈的行动导向。卓越的领导者一直在行动。卓越的领导者总是保持积极主动，他总是在思考怎样做才能取得更多更好的结果，并充分意识到大多数事情往往在第一次或前几次都会遭遇失败。

演员茱莉·安德丝（Julie Andrews）说："坚持不懈是失败了19

次后，在第20次尝试中实现凯旋。"

领导力是行动，而非地位，有领导力的人可以持续不断地改进。领导力是真正所做，而不是渴求、希望、口头或计划要做。当你表现得像个领导者时，你就会因为采取的实际行动而真正成为领导者。

■释放能量

当弗朗西斯·赫塞尔本掌舵幼女童军（Daisy Scouts）时，该组织正处于动荡之中。她的领导扭转了整个组织，也为她赢得了总统自由勋章和彼得·德鲁克的赞誉。德鲁克评价说："弗朗西斯·赫塞尔本是美国最好的首席执行官——不仅限于非营利组织，而是任何组织的最好的首席执行官"。赫塞尔本与德鲁克一起创立了领导力学院，如今她是该研究所的主席。

"它（领导力）不是创造热情，而是释放热情——挖掘人们心中为他人服务的惊人能量，没有比这更强大的能量了。"赫塞尔本说。

当幼女童军面临严峻挑战时，赫塞尔本需要采取行动，但如果仅仅高高在上地"指挥和控制"，会让志愿者感到疏远。她必须释放出组织内部的力量。

她提出一个重要的问题："当我们的300万会员望向我们时，她们能在我们身上看到她们自己吗？我们需要更多地了解儿童成员和65万名志愿者。我们需要倾听和评估，最重要的是，每个委员

会的每个团队都必须为结果'负责'。"赫塞尔本强调说。

"当一个小女孩打开她的（女童子军）手册时，她必须能够看到将来的自己。"赫塞尔本解释说，"但我们的领导团队和客户之间存有文化差距。我们发现，并非所有文化都以同样的方式看待女儿。在西班牙裔社区，我们往往不会直接与孩子交流，而是和她们的父母谈论女童子军（的经历）将如何塑造其女儿的性格。在非裔美国人的文化中，人们往往更重视服务他人的传统。"对于所服务的每一个社区，当领导者能够努力并谦虚地了解客户，学习如何最好地为客户服务时，就会取得最大的成功。

但有一个重要的区别，"你可能不得不提醒行家们要做什么，"盖尔·波洛克说，"但不用教那些行家怎么做。如果你命令员工做他们不理解的事情，他们就不会全力以赴。"她说，"当你向员工展示工作的重要性，他们就会迸发出最优秀的表现和勇气。当你设定大方向，放手让员工发挥创造力来完成任务时，他们解决问题的能力往往出乎意料 —— 比我想象的要好得多。"她指了指："作为一名领导者，要清楚指示必须做什么以及会对下属有什么好处。"

🔵 明确即力量

商业和生活中的成功与否，有80％是由你在每个领域的明确程度所决定。有效的领导者清楚地知道要完成的任务是什么，其每位下属都清楚自己需要做什么来实现总体目标。无效的领导者则不清楚自己的责任，因此，其下属和周围的人也同样迷惑，这将导致巨大的时间和精力的浪费。

在瞬息万变的时代，有两个重要的问题需要领导者反复提出和回答。

你应该问的第一个问题是：我想做什么？

把思路记在纸上。花点时间坐下来，确切且尽可能具体地思考出你要实现的结果。最重要的是，建立一个数字或衡量标准，可以对照这些数字或衡量标准来评估表现，以确定自己是否成功实现目标。你可能听过这样一句话："可衡量方可达成。"在领导工作中，"若不可衡量，则不可管理。"

许多人逃避将具体的措施、基准和指标放在绩效和结果上，因为他们觉得这种可见性和问责制令人不悦。而他们真正下意识的想法是，若没有指标，就不可能失败，就不可能被周围的人判定为无能或不足。

但这不是领导者应该做的。在回答"我想做什么？"这个问题时，你必须为做出的每一个决定都制定一个衡量标准，并设定一个期限。你必须以身作则，然后带动整个团队。

几乎每做一个商业决策都要产生成本。而商业的目标是用一

定的成本来实现一定的投资回报。令人惊讶的是，有多少企业和商务人员在投入资源时完全没有考虑这个问题："我们将如何衡量这笔时间、金钱和资源的支出是否成功？"

很多时候，当你强迫自己评估正在做的事情，以及如何衡量这件事是否成功时，你会很快意识到"这条路走不通"。你无法从投资中获得预期的回报，抑或你根本没办法衡量回报。无论哪种情况，你都处于正在浪费宝贵时间和资源的危险之中。

你应该问的第二个问题是：我要怎么做？

你打算用什么具体的步骤、过程或方法，从现实出发实现目标？你正在采用的方法有效吗？你是否正在取得进展？或者是否有比目前更好的方法？

在为自我或企业实现设定目标的过程中遭遇挫折和障碍时，你应当随时准备好撤回并宣布"暂停"。

事实上，大多数事情都是行不通的，至少你在一开始会失败。在找到一系列正确的行动，能够成功地产生业务运作所依赖的销售额和盈利能力之前，你可能不得不尝试许多不同的方法。正如亨利·福特所说："失败只是一个机会，使人能够更明智地重新开始。"

灵活应变能力

领导者最重要的素质之一是灵活应变能力。这一能力对企业和个人都很重要，领导者越灵活，在面对实现销售或其他业务目标的各种方式时，就越能保持开放的态度。

保持灵活性的最好方法是，不断问自己："我今天所做的任何一件事情，按照此时的认知，如果重新做选择，我是否还会开始做？"

如果你的答案是，"不，我不会再做了。"那么你的下一个问题应该是："我如何改变现状或摆脱困境，以及能够以多快的速度？"每当你在任何领域遇到任何形式的阻力，都应该做好提出这些问题的准备。

明确目标，过程灵活

成功的关键是明确目标，但实现目标的过程要灵活。请记住，没有失败这回事，只有反馈。不要带入所谓自尊。有任何新情况，就要准备好放弃过去的决定。向周围的人表明，你最关心的是最终的结果，而非其他。你从头至尾所关心的都应该是什么是对的，而不是谁是对的。

作为一个领导者，你所获得的最终评判，都是基于你是否实现了期待值。

使命感

大多数取得长期成功的领导者都认为，其工作即为其使命。他们有一个总体的愿景——超越其自身的、更宏伟的事业终会出现。

■7项关键因素

在困难的市场环境中，成功、持久发展的企业在7项关键因素中投入更多。请关注这些可让商业持续发展的成功法则：

（1）你的领导力。人们对你的期望是什么，员工需要你提供什么才会发挥出全部潜力，为企业做出贡献？

（2）你的计划。你用于产生更大的销售和盈利能力的计划是什么，以及如何运作？还有没有更好的计划？

（3）你的团队。如何吸引和留住优秀的人才，并激励他们在带来业务成果方面发挥最佳表现？

（4）你的产品。你擅长打造什么产品，谁是你的理想客户，什么样的产品或服务品质能吸引更多的客户？

（5）你的营销。你的竞争优势——使产品或服务优于其他任何产品的因素——是什么，以及如何向潜在客户传达有关你的竞争优势的信息？

（6）你的销售。如何说服潜在客户，才能让他们愿意从你这里，而不是从竞争对手那里购买产品或服务？

（7）你的客户体验。你的客户需要什么，想要什么，你做什么能让他们满意、成为回头客，并热切地向其周围的朋友推荐你？

■追求卓越

在商业中，也许你能拥有的最好的愿景或使命，就是在你所做的事情上"做到最好"。如果一个企业的领导者完全致力于追求卓越，成为业界佼佼者，那么对于许多人来说，能为他的企业工作，是最为鼓舞人心的愿景。

本书中的一些例子充分阐明了建立一个成功企业的关键，即致力追求卓越。这是一种不懈的决心，即提供竞争对手无法相比的产品和服务，并持续善待客户，让客户反复光顾。

在市场中傲视群雄——这一远见卓识的目标，会凝聚和激励所有员工。"拥有卓越绩效"的共同愿景会为每个人灌输一种主人翁意识。员工发展和塑造企业未来愿景的机会越多，就越会致力于履行自己的职责以实现该愿景。

如果每一个人对充满激情的愿景都有主人翁意识，整个团队将更具凝聚力、更有活力、更具能力、更积极向上，团队成员们会奋进努力。这样的目标使团队中的每一分子都有明确的目标感和方向感，在他们心中，与你并肩或为你工作具有鼓舞人心的力量，也会让他们自己获得成就感。

■想象

爱因斯坦写道："想象力是对生活中即将出现的景色的预览。"

自己和企业未来数月、数年的愿景是什么？一年后的今天，你会用什么词语来描述你心目中完美的企业？想象一下，在组织中，你能取得的成就没有界限。想象一下，你可以对未来挥动魔杖，创办一个完美无缺的企业，那么它会是什么样子？

想象一下，你可以为市场创造并提供最好的产品和服务，那么你会如何描述它们？你的客户会如何描述它们？最重要的是，你今天开始做什么，才能够在未来的某个时候，将该卓越产品和服务变成现实？

如果你的企业在各方面都很完美，那么与此时你的企业相比不同之处在哪里？

对于其带领组织前进的未来，领导者往往会有一个激动人心的预想画面。他们会与周围的人分享这一愿景，并不断鼓励和欢迎提出各种想法和建议，以帮助实现这一愿景。

■思考未来

作为一个领导者，你的主要责任之一是思考未来。领导者被赋予这一责任。领导者应该不断思考和规划下一步行动，并评估这些行动的结果。因此你需要花费时间来创造一个引人注目且清晰的愿景。只有这样，你才能把握住"大局"。

领导者从目的论❶出发进行思考，并以此预测未来。在采取行动之前，应该考虑一个决定可能带来的所有后果。应制订一个替代行动方案，以防第一选择不成功。如果 A 计划不成功，要准备好 B 计划。

作为领导者，当仔细考虑各种情况、那些可能正确或可能出错的事情时，请始终专注于期望的结果，但可以灵活运用各种方法来达到想要的结果。

■专注结果

领导者应该对自己提出一大重要问题："人们对我的期望值是什么？我为什么拿到这一份薪酬？"

为了继续保持专注于自己能取得的最重要结果，领导者还应该问自己："只有我能做的事情是什么？什么事情如果我完成得好，能对我的组织做出真正的贡献？"

事业和生活中很重要的一件事就是确定优先事项。有一句话如此说道："领导者决定要做什么事，管理者决定实现这件事的最

---

❶ 目的论指的是自然物遵照一个内在目的而具有存在和变化的规律性。——译者注

佳方式。"

在确定优先事项时，领导者的工作是确定"事项的顺序"。哪些事情要首先完成？哪些事情其次实现？哪些事情根本不需要做？在商业中，存在一种"排除替代法则"，该法则表述为"一次只做一件事。"

斯坦福大学教授克里夫·纳斯（Clifford Nass）2010年的研究再次证实，即使是那些非常聪明的年轻人，他们看似是精通处理电子邮件、即时消息和实时通信等多任务处理的专家，在工作上也不如那些只专注做一件事的人做事准确或有效。作为领导者，显然任何时候都事务繁多。但事实证明，立即专注于一项任务是明智的选择。领导者的有效性，很大程度上取决于其在特定时刻选择做什么以及不做什么。

如果把必须完成的任务列成清单，则会发现这份清单符合二八定律——20%的任务最终会带来80%的成果，偶尔也同样符合一九定律（10%的任务最终会带来90%的成果）。有时，在可能完成的十项任务清单中，其中一项任务的价值将超过其他所有任务的总和。

作为一个领导者，你是否有能力将注意力集中在对你而言最重要的结果上，这在很大程度上决定你在职位上的成败。当约束自己一心一意地投入在最为重要的任务上时，你的成就将是普通人的2~3倍。这就是为什么所有优秀领导者都被形容为"强烈的结果导向"。

培养高自尊

领导者对结果的关注有助于建立积极的自我形象。自尊被定义为"你有多喜欢你自己。"自我认知越优秀，工作就做得越得心应手。自尊的一个重要因素被称为自我效能感，自我效能感是一种胜任感，即你认为自己很擅长目前的工作，并且有能力实现自我设定的目标和结果。拥有自我效能感的人会觉得自己胜任目前的工作，并渴望做得更多。

"你对自己的感觉会密切影响到你作为个体在工作中的表现，也会影响你作为管理者的表现。"温德米尔高级地产（Windermere Exclusive Properties）所有者兼总裁、保诚加州房地产公司（Prudential California Realty）前首席执行官史蒂夫·罗杰斯（Steve Rodgers）如是说，"当房地产崩盘来袭时，对自己充分自信的管理者会立刻表现得与众不同。"他说道，"在艰难时期依然坚韧不拔的人和无法从逆境中恢复，也无法重建目标的人之间，有着天壤之别。"

请由内而外地让自己的信念和想法保持一致。要想改变并提高业绩和效率，必须从改变自己和他人的自我概念开始。

具有高自尊的、积极的自我形象的领导者对人和环境更加敏感。他们对周围发生的事情有更敏锐的感知力和意识。原因很简单，因为他们无须和自己的自卑感或无力感搏斗，他们可以更加冷静和清晰地看待周围的世界。

心理学家威廉·格拉瑟（William Glasser）将他所谓的"机能充分发挥者"描述为完全不设防的人，也就是说，你越是喜欢和尊重自己，对自己越感到舒服，你就越不会觉得自己被冒犯。你无须为一个错误或问题辩护或解释，而是坦然直接地处理。这种不设防的态度可以缓和他人的对立情绪，化解紧张的局势。

■对自己诚实

当领导者对自己诚实时，他们会欣然承认自己既有优点也有缺点。领导者在组织工作时要最大限度地发挥自己的优势，减少自己的劣势。为了做出最大的贡献，你应该专注于自己擅长的几件事情上，并力求在这几件事情上做得越来越好，而把其余的事情委托给那些比你做得更好、更容易完成这些事情的人。

也许一个领导者最令人钦佩的品质是"真实性"。当领导者能够诚实地承认自己并不完美时，就能表现出这种品质。只有高自尊的人才允许自己处于弱势。然而，这种品质将会让人们愿意与你合作并助你一臂之力。

表达真实并不等同于对自己或别人的不安全感进行抱怨或哭

诉。真实是为人处世以诚相待、承认错误，并对他人的意见和想法保持开放态度。

善待他人

英国维珍集团的理查德·布兰森曾尝试过参加一档与美剧《学徒》（*The Apprentice*）类似的电视系列节目，他伪装成一名豪华轿车司机，敏锐地观察接受测试的企业家们如何对待自己。那些对待"服务者"不好的人会被从节目中"辞退"。

正如作家托马斯·卡莱尔（Thomas Carlyle）所写，"可以通过其对待小人物的方式来判断一个大人物。"要成为一个有效的领导者，你应该对每个人的态度都一样，不论对方是弱者还是强者。真正的领导者对飞行员和对空姐都一样真诚友好。

卓越的领导者是变革的推动者

"有一种说法是人们讨厌改变。这不是真的！"当我们采访福特公司的艾伦·穆拉利时，他相当坚持地说道，"让人们害怕的不是变化，而是不确定性。人们担心这些变化是好是坏。如果是带来惊喜的变化，人们就喜欢，"他眨了眨眼说，"人们害怕的是会带

来不愉快的变化。"

穆拉利具有高瞻远瞩的战略眼光，他观察到其所在的汽车行业中情势的变化，并坚定地致力于推动企业变革。

在迪尔伯恩（Dearborn，美国密歇根州城市，福特公司总部所在地），穆拉利的办公室在一个宽敞而空旷的角落，从一整面的落地窗望出去，可以看到克莱斯勒和通用汽车的总部大楼。"这样就可以随时关注他们的动向。"他调皮地笑了笑。但这并不是这位精力充沛的首席执行官真正关注的地方，他深知这些同在汽车行业的邻居们不是企业真正的问题所在。

2006年，当穆拉利刚加入福特公司时，福特公司似乎是三大汽车巨头中情况最为糟糕的公司。在穆拉利的坚持下，公司借款近240亿美元，终于得以成功度过经济衰退期。但更重要的是，他打算将借款中的数十亿美元用于让福特公司的产品再次成为客户的好选择。

2008年，福特公司仍然亏损超过 140 亿美元，并且预计要到2011 年才能赢利。但在穆拉利的不懈努力下，公司在2010年年初，提前一年实现了首次赢利，股价从最低点飙升了7倍。福特公司被媒体授予年度最佳汽车和卡车奖。

穆拉利的独到之处在于，他是第一个接手福特最高管理职位，但并非汽车行业出身的人。他的背景更接近一个科学家，他是一位一丝不苟的工程师，曾带领波音公司实现复兴，推出创新的777型飞机，此举成功拯救波音公司。当欧洲的空中客车公司（Airbus）一举超越波音公司，打破波音公司在飞机市场的长期主导地位后，穆拉利利用自身丰富的专业知识、对质量的关注和倾听的热情，帮助波音公司重新与客户建立联系。波音公司轰轰烈烈地打赢了这场"翻身仗"。

穆拉利说："你必须了解并深切关心你的产品对人们有什么作用。"他对工程的热情只会被他的这种坚持所超越："要想办法在每个接触点上让客户满意。"

穆拉利一改福特公司既有的沉闷、脱节的形象，投资打造"超酷的高科技"和"超棒的质量"的概念，正如穆拉利所说，这些概念听起来像一个兴奋的少年。而且，正如亨利·福特在20世纪初所做的那样，穆拉利不仅在福特最昂贵的品牌上提供这些"时髦"的功能，而且还将这些功能应用于普通大众都可以购买的较小型、较便宜的汽车上，如新型超小型汽车福克斯。

福克斯（英文为"Focus"，意为专注）是对穆拉利在福特公司所做工作的一个完美比喻，也是领导者肩负的必然使命。领导者的工作就是将零散杂乱的各部分浓缩为真正重要的几件事。

"你必须专注，专注，再专注！"穆拉利说道，每一个词后都伴随着掌声。他在福特公司旗下的97款产品中，选出不到20款作为重点。"我的老天，向客户展示 100 个不同的品牌能有什么帮助？"他说，"我们又怎么能做好呢？"

当你见到穆拉利时，他会热情地和你握手，甚至会拥抱你，把一只手搭在你的肩上。重要的是，他甚至会比你的家人更认真地倾听你说话。若你给他发一封电子邮件，他真的会亲自回复。

关键在于，穆拉利真正热爱的是客户和卓越的汽车。"要制造出客户愿意购买的精心设计的汽车，你必须拥有经久耐用的、令人兴奋的产品和服务"，他滔滔不绝地说，"只有成为一名出色的倾听者，才能实现这一点。"

做倾听者

最好的领导者会花 50% 或更多的时间仔细聆听。他们主导倾听，对方主导诉说。作为领导者，你要全神贯注地倾听。

你最后一次全神贯注地聆听员工说话是什么时候？你还记得最后一次倾听别人说话是什么时候吗？没有电话或来访者的干扰，只是专注于对方而忽略其他一切！

当穆拉利来到福特公司时，他采用了一种在波音公司得到改进的管理技巧。他发现，通过改变评估团队绩效的方式，可以立即将团队中的高级管理人员从说话者转变为倾听者。"一切终归要回到激励措施。能够激励某人采取不同表现的因素有哪些？是认可、是时间还是更多的薪酬？以上皆非答案，答案往往是可见性。"他说。

"当发表演讲时，观众会为你打分，"他如此告诉团队，"因此，那些足够聪明、能够为听众问答环节留出大量时间的高管，往往比只自顾自地演讲的高管更会取得优秀的成绩。那些能够鼓励……与团队进行对话的管理者则会出类拔萃。"

卓越的领导者鼓励提出意见和进行变革，而衡量领导者能力的最佳方式是基于最优秀员工的反馈。人们会把高分打给值得信任和懂得倾听的领导者。

⤴ 领导力的基本素质

如何建立信任？答案是通过达到或超过期望，通过说到做到，言行一致。诚信是领导力中最值得重视和尊重的品质之一。

你是否会为心中所信挺身而出？在困难重重、前途未卜的情况下，你是否能展现勇气，坚持到底？

领导者的工作是保持冷静、控制局面，特别是当周围的人都在怀疑你的抉择是否正确，以及他们的付出与投入是否值得的时候。当你对自己、对所作决策和对周围的人充满信心时，就会将同样的感受和态度灌输给他人。

领导者往往具备所谓的"勇敢的耐心"。在做出决策和得到结果之间，总会有一段不确定的时期，没有人知道努力是否会成功。如果你曾在职业生涯中多次经历过这种感觉，那么，你并不孤独，艾伦·穆拉利也是如此，任何有信念勇气的人皆为如此。

🔄 未来属于冒险者

未来属于那些勇于接受预期风险并努力前行的人。领导者的职责是，在做出决策或承诺提供某项资源之前，仔细地、尽最大可能地收集所有信息，然后主动采取行动。丘吉尔写道："勇气被认为是最重要的美德，这无比正确，因为其他一切都取决于勇气。"

也许人生成功道路上最大的障碍就是对失败的恐惧。许多人非常担心可能面对的失败，以至于他们谨言慎行，不愿冒险。

领导者则不同。拥有勇气的一大特征是大胆。大胆是在面对不确定性和可能的失败时主动采取行动的意愿。作为领导者，即使面对无法保证成功，甚至在短期内失败概率很大的境遇，也必须愿意采取行动。领导者们常常践行冰球运动员韦恩·格雷茨基（Wayne Gretzky）的哲学："你一定会错过那些你没有去击打的球。"

在下一章，我们将展示如何发挥这种勇气和创造力，并将其转化为适用企业和自身、在市场上行之有效的行动计划。

第一章　成为卓越的领导者
调查问卷

1. 作为领导者，你最引以为豪的三项成就是什么？

　　a.＿＿＿＿＿＿＿＿＿＿＿＿＿＿＿＿＿＿＿＿＿＿＿＿＿＿＿

　　b.＿＿＿＿＿＿＿＿＿＿＿＿＿＿＿＿＿＿＿＿＿＿＿＿＿＿＿

　　c.＿＿＿＿＿＿＿＿＿＿＿＿＿＿＿＿＿＿＿＿＿＿＿＿＿＿＿

2. 你最有用和最有价值的失败是什么？你如何从中吸取教训？

　　a.＿＿＿＿＿＿＿＿＿＿＿＿＿＿＿＿＿＿＿＿＿＿＿＿＿＿＿

　　b.＿＿＿＿＿＿＿＿＿＿＿＿＿＿＿＿＿＿＿＿＿＿＿＿＿＿＿

　　c.＿＿＿＿＿＿＿＿＿＿＿＿＿＿＿＿＿＿＿＿＿＿＿＿＿＿＿

3. 在困难重重、前途未卜的情况下，你如何向他人展现坚持到底的

　　勇气？

　　a.＿＿＿＿＿＿＿＿＿＿＿＿＿＿＿＿＿＿＿＿＿＿＿＿＿＿＿

　　b.＿＿＿＿＿＿＿＿＿＿＿＿＿＿＿＿＿＿＿＿＿＿＿＿＿＿＿

　　c.＿＿＿＿＿＿＿＿＿＿＿＿＿＿＿＿＿＿＿＿＿＿＿＿＿＿＿

4. 你使用哪些最重要的衡量标准来确定自己作为领导者的有效性？你为何担任这一职位？

   a.＿＿＿＿＿＿＿＿＿＿＿＿＿＿＿＿＿＿＿＿＿＿＿＿＿＿

   b.＿＿＿＿＿＿＿＿＿＿＿＿＿＿＿＿＿＿＿＿＿＿＿＿＿＿

   c.＿＿＿＿＿＿＿＿＿＿＿＿＿＿＿＿＿＿＿＿＿＿＿＿＿＿

5. 你今天所做的任何事情，按照你此时的认知，如果重新做选择，你是否还会开始做？今天，作为领导者，你会停止做什么？

   a.＿＿＿＿＿＿＿＿＿＿＿＿＿＿＿＿＿＿＿＿＿＿＿＿＿＿

   b.＿＿＿＿＿＿＿＿＿＿＿＿＿＿＿＿＿＿＿＿＿＿＿＿＿＿

   c.＿＿＿＿＿＿＿＿＿＿＿＿＿＿＿＿＿＿＿＿＿＿＿＿＿＿

6. 员工、最好的客户以及家人的3P原则（目的、激情和绩效）分别是什么？

   a.＿＿＿＿＿＿＿＿＿＿＿＿＿＿＿＿＿＿＿＿＿＿＿＿＿＿

   b.＿＿＿＿＿＿＿＿＿＿＿＿＿＿＿＿＿＿＿＿＿＿＿＿＿＿

   c.＿＿＿＿＿＿＿＿＿＿＿＿＿＿＿＿＿＿＿＿＿＿＿＿＿＿

7. 如果你的领导力和工作情况在各方面都完美，那情况会和现在的实际情况有什么不同？

   a.＿＿＿＿＿＿＿＿＿＿＿＿＿＿＿＿＿＿＿＿＿＿＿＿＿＿

   b.＿＿＿＿＿＿＿＿＿＿＿＿＿＿＿＿＿＿＿＿＿＿＿＿＿＿

   c.＿＿＿＿＿＿＿＿＿＿＿＿＿＿＿＿＿＿＿＿＿＿＿＿＿＿

回答完前面 7 个问题后，你会针对哪一项立即采取行动？

_____

_____

_____

第二章

优秀的商业计划

你决定了目标，制订了计划，然后去做。就这么简单。

—— 南希·迪兹（Nancy Ditz）

美国马拉松运动员

拥有清晰愿景、价值观和计划的人和组织往往能够比竞争对手取得更大的成果，且取得成果的时间更快。当组织中的每个人都紧密团结在你所期望的、关于未来的、明确的战略愿景下时，你就会创造出一种强大的精神协同作用，这将推动你朝向目标前进，反之推动目标向你靠拢。

在商业和生活中取得成功的主要原因是专注和集中，而失败的主要原因是缺乏方向和精力分散。本章将告诉你如何尽可能避免失败，并取得更多的成功。

🐬 7 个战略原则

对商业人士来说，世界正在变得越来越具有挑战性。创业不仅愈加艰难，来自竞争对手、挑剔的消费者和政府监管机构的挑战和隐患也更多。在新时代所面临的战场上，我们不妨以史为鉴。

在其一生的戎马生涯里，亚历山大大帝是非常有天赋的战略规划者。如果今天他尚在人世，可以教导我们很多关于如何在动荡的时代生存和发展的知识。在公元前 331 年的高加米拉战役中，亚历山大大帝在一场激烈的战斗中击败了波斯帝国的大流士三世（Darius）。亚历山大大帝之所以能够完成这一令人难以置信的壮举，是因为他能够将有限的力量集中在一个战略变量上，而这个战略变量决定整个波斯帝国军队的实力，这个变量就是大流士三世。

无论你是否接受这种军事比喻，现实是，当今的经济形势使许多企业家和管理者处于生存竞争模式，为实现盈利不断处于战斗之中。管理者应该熟悉 7 个关键的战略原则，这些原则也适用于当今不确定的商业世界，以及公司发展战略的制定。

（1）目标原则

（2）进攻原则

（3）集中原则

（4）节俭原则

（5）机动原则

（6）攻其不备原则

（7）发挥优势原则

■目标原则

亚历山大大帝对自己的目标有着清晰的认识。他知道自己必须取得对波斯帝国军队的决定性胜利，才能将整个波斯帝国置于掌控之中。他也清楚，波斯帝国军队由帝国各地的特遣队组成，这些特遣队能够团结在一起的主要原因是对大流士三世本人的忠诚。如果亚历山大大帝能杀了大流士三世或使其丧失领导能力，其余的军队就会瓦解和分散。

战斗前一晚，亚历山大大帝将手下的军官们召集一处，告诉他们在第二天早上面对拥有压倒性优势的敌军，该如何赢得战斗的胜利。亚历山大大帝不准备击溃整个波斯帝国军队，因为其人多势众。相反，他决定集中所有自己的军队，像长矛一样戳向大流士三世所在的波斯帝国防线中心。随后，亚历山大大帝让军官回到各自的部队并传达战令，战令只是很简单的一句话："杀死大流士三世！"

战斗开始后，亚历山大大帝看准时机，率领优秀的随行骑兵，进入波斯帝国军队的中心，直扑大流士三世的大本营。攻击来得如此突然，大流士三世毫无准备。根据历史学家的说法，大流士三世跳上一匹母马，疯狂地骑马离开战场，留下他的军队令其自

生自灭。

正如亚历山大大帝所预料的那样，波斯帝国军队很快就开始瓦解和分散。最后，他摧毁了波斯帝国军队，成为世界上最伟大帝国之一的君主。我们从大流士三世的失败中可以得到一个关键教训，即无论遇到多么突然或激烈的挑战，作为领导者，绝不能放弃团队或忽略自己的主要目标。领导者在关键时刻的行为，会对团队和个人取胜的机会产生巨大影响。

■进攻原则

尽管亚历山大大帝的军队在人数上大大少于大流士三世的军队，但他还是主动发起了进攻，从而控制了战局。

制定战略计划，然后像标枪一样将其投掷到市场的中心，再实行"持续进攻"，具备这种能力将使你能够采取主动并控制自己的财务命运。

■集中原则

亚历山大大帝能够将军力集中在一个目标上，即波斯帝国的国王大流士三世。同样，在商业中，能够集中有限的资源，投入到最好的产品和服务中，并将其销售给最佳潜在客户，这是取得商业胜利的关键。

■节俭原则

亚历山大大帝的兵力看似寡不敌众，但他以最少的人力和资源支出完成了目标。最终的结果是波斯帝国军队的战斗力被消灭殆尽，而亚历山大大帝的军队的伤亡却很小。

在战略思维中，你的目标是运用脑力和创造力，以尽可能少的时间和金钱来实现在市场中成功的目标。

■机动原则

一个组织能够获得的最大才能之一是灵活性。亚历山大大帝的部队能够保持灵活机动，并在机会出现时改变进攻方向。战场上的每一位军官，都有权力根据不断变化的情况变换行动。而在波斯帝国军队中，大流士三世是最高统帅。每位下级军官都被指派执行某项特定的职能，不得偏离或转移。当战斗以一种意想不到的方式展开时，波斯帝国军队无法快速适应。

同理，在商业世界，动荡、不确定性和变化不断发生，出乎意料且无法预测，你必须保持灵活机动，改变产品或服务组合、员工和任务、市场营销和销售技巧、产品和价格，以及业务中所有其他因素，才能在激烈竞争中实现销售和盈利。

■攻其不备原则

亚历山大大帝利用攻其不备的行动，发挥出巨大的优势。亚历山大大帝没有把自己的马其顿王国军队排成一长排与波斯帝国军队正面对峙，这样很容易在侧翼被波斯人包抄，而是把他的军队组织成更灵活的阵型，能够随着战斗的展开转移其攻击点和兵力。

同理，在商业世界，你必须做好应对意外的准备，通过快速改变产品、价格、促销方式和销售地点等来应对竞争。你必须始终思考做出一些出乎竞争对手预料的事情。

■发挥优势原则

亚历山大大帝将大流士三世赶出战场后，达到了自己的预期目标，随即，他立即集中所有力量，在最短的时间内，最大限度地发挥自己的优势，从而实现对波斯帝国军队的毁灭性打击。

同理，在商业世界中，一旦你拥有市场优势，就必须"售尽所能"。你必须抓住时机，积极推进，在机会之窗打开时，在竞争对手有机会反击之前，尽可能实现每一美元的盈利销售。

商业计划之战

2008年，金融市场濒临崩溃，风险投资人迈克尔·莫里茨（Michael Moritz）和其红杉资本（Sequoia Capital）的合伙人、企业所有者们挤在一起，观看了一张"末日审判书"，这是一份有56张幻灯片的计划书，描述了一个没有信贷的勇敢新世界，在那个世界里，没有稳定现金流就无法获得融资。他们预测，世界需要数年时间才能恢复。

对于经历过2008—2009年的金融危机的人来说，对当时的经济活动进行规划，真是难如登天。对莫里茨来说，幸运的是，之前的互联网泡沫破灭让他的团队有了应对资产突然变化的经验。当经济崩溃时，他们知道如何以前所未有的速度转移风险和削减成本。

世界上许多成功的投资者不能够免于面临经济崩溃的痛苦，而莫里茨则历经劫难，风雨后终见彩虹。红杉资本的投资在加利福尼亚的硅谷成就了诸多传奇企业，包括苹果、思科、谷歌、YouTube（美国视频网站）、Zappos（美国鞋类电商网站）和雅虎等。

当风暴降临时，莫里茨和公司管理层参加了一系列战略和财务规划的速成课程。他们夜以继日地工作，创造出许多不同版本的商业计划。莫里茨经常会重复一句口头禅，这句话听起来颇具讽刺意味，却可以用来安抚那些通宵达旦工作的人，这句口头禅是：计划也许无用，但制订计划永远有效！

换句话说，当前的经济情况可能让你无法完全按照自己的想法来实施计划，但制订计划的过程至关重要，这是领导者能够理清思路、做出抉择的重要方法。领导者若要思考在经济环境中生存、发展和繁荣所需的条件，做出缜密的规划必不可少。

在动荡的经济周期中，规划过程不再是商学院教授所教授的一种抽象的努力过程，领导者必须考量每一种备选方案，从中找出最佳选项并立即付诸行动。在危机期间，莫里茨的公司制订了明确的计划，追踪每一分钱的支出，并将计划与客户服务、质量、创新和增长联系起来。

能够制订出色的商业计划，并设置和实施商业战略，这种能力是领导者取得商业成功的核心。

■让计划有用

当我们谈论商业计划时，指的不是辛苦制作的活页册子或电子表格，不是那些只是为了取悦他人，展示完之后再也不会翻看的文件。我们谈论的是一份动态文档——一份可用于推动业务发展的指南。

"围绕商业计划书的所有喧嚣会让人产生一种错觉，这种错觉即普通人与企业家和取得巨大成功的人之间的唯一差距，是一些光鲜的五色图表，一堆看起来一丝不苟的电子表格，以及10年的逐月财务预测。"哈佛商学院的工商管理教授威廉·A.萨尔曼（William A. Sahlman）说，"而这些与事实有着天壤之别。"

你会发现整个大学课程都在关注如何制订商业计划，而这些课程在逻辑上无比正确，实际上在实际工作中的用处并没有我们想象的那么多。

将衡量纳入计划

大多数计划之所以不可行，是因为它们与驱动客户和业务成功的因素脱节。"在制造业中，这样的驱动因素可能是生产过程中的产量；在杂志出版业中，可能是预期的续订率；或者在软件业中，可能是使用各种分销渠道的影响。"萨尔曼教授指出。在每一个行业领域，都有一些驱动因素可以发挥巨大作用。

对你的盈利能力影响最大的3个驱动因素是什么？哪3个因素促使你的客户购买你的产品或服务并重新成为忠诚客户？你的任务就是弄清楚这些问题。

🔄 保持节俭和谦逊

有效的领导者清楚地了解其用于监测企业成功的措施，并在自己的工作和日常生活中不断实践该措施。

例如，沃伦·巴菲特的节俭堪称经典，节俭不仅仅是一种行为或习惯，这对他的团队来说具有象征意义。巴菲特以驾驶旧车、喜欢喝可乐而不是昂贵的葡萄酒以及长期住在家乡奥马哈市的住所而闻名。

宜家创始人英格瓦·坎普拉德非常富有，但他生活相当简朴，平日乘坐地铁，并不断要求员工，让产品更便宜的同时，也更为美观。在接受我们为写本书而做的采访时，坎普拉德在瑞士圣加仑州的一家宜家商店的自助餐厅里请汤普森（本书作者之一）吃了一顿瑞典肉丸❶，然后开着一辆7年前的沃尔沃汽车把他送回旅馆。重要的是，坎普拉德向所有人传递了一个信息，即应在商业中设定正确的优先事项。

据《福布斯》报道，2011福布斯全球富豪排名榜第一名是墨西哥商人卡洛斯·斯利姆·埃卢（Carlos Slim Helu）。这位白手起家的大亨的父母从黎巴嫩移民到墨西哥城，几十年来一直住在同一间房子里，他的主卧室以小而著称。如之前的比尔·盖茨和巴菲特一样，埃卢并不愿提及世界首富这一头衔。他知道，变幻莫测的股市可以在瞬间颠覆这一局面。

具有讽刺意味的是，世界上最富有的企业家们建议，不要试图跟上道琼斯指数的步伐，也不要在意谁拥有最多的财富、权力或地位。相反，这些最富有的企业家们的人生经历告诉我们，应该如何通过专注于对长期战略真正重要的东西来获得成功。

制定战略的 5 个理由

在问"什么"之前，先问"为什么"，只有非常清楚地知道自己为什么要这样做时，领导者才能制定有效的战略和出色的商业计

---

❶ 宜家的瑞典肉丸以价格便宜又美味而著称。——编者注

划。制定商业战略有以下5个理由：

（1）增加股权投资的回报。第一个目的是组织和分配资源，以增加实际投资的资金回报，是为了赚取比今天所产生的更多的最低利润。

（2）比照竞争对手，重新定位自己。商业战略能够改变客户对产品或服务的看法和反应。你必须不断对现有产品和服务进行升级，并开发新的产品和服务，以应对客户不断变化的愿望、需求和喜好，以战胜竞争对手。

（3）充分利用优势和机遇。必须利用能够使企业优于竞争对手的特殊能力，完成竞争对手无法复制（至少在短期内无法复制）的事情。你必须对市场上的不可预测的变化保持开放。每当出现经济动荡或业绩后退时，应马上停下脚步，重新思考战略，以确保新战略与新形势相适应。应始终保持开放态度，承认和面对企业的当前战略已不再是当今和未来市场的最佳战略的现实。

（4）形成更好的决策依据。所有战略和商业思维都必须以立即采取行动为导向，为的是取得相对于过去和比竞争对手更高的销售额和利润率。

（5）吸引投资者和融资。做筹集资本的规划需要在规划过程中采用特别的方法。领导者应该站在潜在贷方或投资者的角度看待自己的企业，并制订计划，使自身企业成为有吸引力的投资目标。

首次融资中获得较多资金的公司，其业务往往有以下4个方面的优势：

优秀的商业模式。领导者应具备的思路是，以竞争对手难以迅速复制的方式打开全新的、更大的市场。市场的规模和盈利能力是关键。因此你需要给投资人展示一份优秀的计划书。

可扩展性。企业要以尽可能少的资本投资和劳动力，迅速打造必要的产品和服务，并实现规模经济。

知识产权（IP）。你是否拥有专利或用其他方式以保护自己的知识产权？专利保护不是保证，但它确实能够带来更多机会，助力企业在市场上创建更具持久竞争优势的业务。

相关领域经验。投资者高度重视那些有天赋的领导者，即那些"连续创业者"——拥有相关企业经验的商业老手，或者能够迅速成为优秀的管理者或授权者的人才。投资者往往押注的是一个想法及其执行情况，而不仅仅是某个个体。他们需要知道，即使创始人"亏损或被盗"，他们的投资也不会血本无归。你必须让投资者们相信，你的企业是一个投资的好项目，你是一名优秀的管理者，可以帮助他们获得丰厚的利润。你必须向投资者证明，你有能力迅速组建一个领导团队，并通过调用管理层中除你之外的其他领导者的技能、努力和承诺来发展公司。

战略规划中的 6 个关键问题

每当面临必须重建或重塑组织方向的情况时，领导者们应先按顺序认真回答6个问题。有一句习语是"废料进，废品出" ❶，领导者思维和决策的质量取决于最初的信息质量。

（1）你目前所处的位置是哪里？你目前的处境如何？如果你的企业遇到麻烦，你聘请了一家外部咨询企业来提供帮助，咨询顾问首先要做的是确定你在每个产品和服务领域的确切销售水平、每个产品和服务的相对盈利能力、每个领域的发展趋势、目前和在可预见的未来将有多少资产，以及你相对于竞争对手的地位。这些都是你有能力且必须为自己总结的信息。

（2）你是如何走到今天的状况的？导致你目前状况的因素和决策是什么？让自己成为"管理顾问"。准备好面对吉姆·柯林斯口中的"残酷的事实"：你是如何走到今天的。不要退缩，也不要激进，特别是当企业销售和盈利能力出现问题时。

杰克·韦尔奇坚持让自己的经理们践行"现实原则"，他将该

---

❶ 原文为"Garbage in, garbage out."缩写：GIGO，是计算机科学与信息通信技术领域的一句习语，说明了如果将错误的、无意义的数据输入电脑系统，电脑自然也一定会输出错误、无意义的结果。同样的原则在其他领域也有体现。——译者注

原则定义为"愿意面对世界的现状，而不是你希望的模样。"

除非有勇气正视当前的事实，无论事实是什么，否则你无法解决问题或打开局面。重新评估你的所有商业活动。你所做的一切对赢得和维系客户是必要的吗？如果可以与其他公司合作或分担开销，你可以节省哪些开销？你能否与邻近的公司共享仓库或制造工厂？能否共享一个会计部门？在不降低产品质量或对客户服务的质量的前提下，你可以将哪些事务外包出去？

（3）你想从现状走向何方？你想要达成什么结果？请清楚地描述自己对企业未来的理想的预期结果。预想未来5年，想象自己的企业到那时已堪称完美。你越清楚自己在未来某个特定时间的位置，就越容易创建出色的商业计划或蓝图，使你能够从今天的位置到达你想去的地方。要具体说明自己未来的目标和期望的结果。比如：

5年后你会销售出多少产品？

你会赚多少钱（毛利和净利润），与你的竞争对手赚的钱相比如何？

将有多少人在你的企业中工作？

你的客户会是谁，他们会在哪里？

（4）你如何从今天的现实出发，达成未来理想的结果？为了创造心中理想的未来事业，你必须采取哪些步骤？列一份清单，写下你能想到的每一件事，能够为实现未来目标所必须做的每一件事。每当想到新的行动、任务或发展步骤时，请将它们添加到这份清单中。这份清单上的信息将成为你实现商业目标的秘诀或可遵循的公式。

（5）你需要克服哪些障碍？需要解决哪些问题？在你和自己所期望的未来结果之间的所有问题或障碍中，最大或最重要的是什么？如果你的企业还不是一个快速增长、利润较高的企业，原因在哪里？是什么阻碍了企业的发展？制约企业增长的关键因素或限制性因素是什么？有时，只要确定并消除一个关键的障碍或阻力，就可以将企业扭亏为盈。

（6）为了实现战略目标，你需要哪些额外的知识、技能或资源？如果你想在未来几年内成为行业领导者，还需要哪些额外的能力或优势？每个企业的创业期和发展期，都围绕着一组核心竞争力，但随着时间的推移，几乎每个企业都需要获得或发展额外的核心竞争力。如果你的企业已经是市场的领导者，那么请探索你的企业可以在哪些新领域脱颖而出。最重要的是，反躬自问，从今天起，你应该开始做些什么事情去拥有这些核心竞争力，来打造未来更辉煌的事业。

将成本中心变成利润中心

亚马逊庞大的网络商店运营需要大型计算机中心，这也是亚马逊公司的一个巨大的成本中心。亚马逊管理层随之提出："如果我们把成本中心的优势变成利润中心呢？"由此，亚马逊把庞大的互联网技术基础设施变成公司的另一个商机，亚马逊将其电脑服务器上的空间出租给其他企业。

亚马逊在维护大规模在线网络方面久负盛名，客户有机会租用其互联网技术服务，还可以付出更低的成本，何乐不为呢？亚马逊充分利用其这一项核心竞争力，成功为其客户节省成本。

全球专业服务公司埃森哲有限公司已经成功帮助百思买（Best Buy）等其他卓越的企业节省了数十亿美元，埃森哲有限公司不仅通过外包，而且整合许多行政和运营职能部门（包括人力资源、信息技术和会计等相关部门）的开销，将其全部纳入一个共享相同人员、软件和硬件的中央服务中心。这种方法使许多公司同时受益！百思买可以更加专注于它最擅长的领域——消费类电子产品零售，并将尽可能多的其他必要工作交给能够以更低成本完成的公司。你能在自己的企业中做类似的尝试吗？

彼得·德鲁克的 5 个问题

彼得·德鲁克坚持认为，领导者应思考与其组织有关的几个看似简单的问题。阅读这些问题只需要几秒钟，而回答它们往往需要几个小时。每个问题明确而简单，可以迫使领导者重新审视自身和团队对组织可能有的许多假设。以下是这 5 个问题：

（1）你的使命是什么，为什么你的组织会成立，你想为客户达成什么结果？

（2）谁是你的客户？准确描述你想通过行动服务并满足需求的对象。

（3）你的客户看重什么，你特别擅长为客户提供哪些服务，你如何超越竞争对手设定的标准？

（4）你想达成什么结果，你如何衡量成功？

（5）你的计划是什么，你如何让客户满意并获得最重要的结果？

我们要求你在制订计划时，花足够的时间与团队一起把答案弄清楚。根据你对这 5 个问题的回答，你可以计划下一步该做什么以及应立即采取什么行动。

确定企业使命

企业使命是对创业原因的明确陈述。企业使命陈述了一个总体目标和宗旨，其基础是指导企业各个层面决策制定的价值观。该使命应该尽可能地明确和简单，如德鲁克所说："应该简短到能印到一件 T 恤上。"

理想情况下，企业使命应该提及客户，以及你的产品或服务将为客户的生活或工作带来的改变。YouTube 创始人查德·赫尔利（Chad Hurley）希望每个人都有可能将自己自制的视频与所有人分享。他最初的企业使命即是在网站打出的那句简短的标语——表现你自己（Broadcast Yourself）。

"嘉信理财的企业使命是成为'最有用和最合乎道德的金融服务公司。'这句话反映了我们的愿景和价值观——这就是我们的生活方式！"商业战略家、嘉信理财个人投资者服务部前总裁凯伦·张（Karen Chang）说。

拉里·佩奇（Larry Page）和谢尔盖·布林（Sergey Brin）创立了谷歌公司，旨在整理数百万个网页，让人们可以迅速轻松地找到需要的网页。谷歌公司最初的口号是"索引一切（index everything）"。联邦快递决定将包裹"准时送达世界每个角落"，在很长一段时间里，它令人难忘和有效的广告语是"保证，绝对次日达（absolutely, positively overnight）"。

属于你自己的使命宣言是什么？你计划如何让客户受益？使命是你可以完成的事情。使命是可以衡量的，使命实现与否是可以通过独立的第三方明确的。你的企业使命是什么?

最宝贵的资产

哈佛商学院的知名营销学奠基人西奥多·莱维特(Theodore Levitt)教授一见到汤普森(本书作者之一)的前5分钟,就告诉他:"在你的组织和生活中,有一项资产比任何其他资产都更有价值,你需要在未来旅程的每一步都小心翼翼地构建它,它就是你的声誉。一家企业的声誉被定义为'企业如何被其客户了解和信任或不信任。'"他如此说道。

如果你想让人们说你拥有"一家卓越的企业",那么请自省你的声誉。

(1)你目前的声誉如何?人们对你的企业如何评价?

(2)你想拥有什么样的声誉?你希望一个客户如何向另一个客户描述你的企业?你希望外界如何评论你的产品、服务、员工和管理层?

(3)如果你想成为你所选择的领域中的佼佼者,人们应该如何评价你和你的企业?

(4)最重要的是,从今天开始,要如何行动,才能创造你所期望的声誉?

你要怎么做，人们才会说"这是一家卓越的企业"？

选择竞争对手

选择商业战略意味着选择将与谁竞争。不要自欺欺人，你可能以为自己在领域中没有竞争对手，但请记住，永远存在和你争夺客户钱包的人，即使这些人很不明显。

今天谁是你的主要竞争对手？如果不从你这里购买，你的潜在客户会选择从哪里购买？你可以做什么来抵消竞争对手的被感知优势（即那些抢走你的潜在客户的优势）？

谁是你的次要竞争对手？这是一个重要的问题，因为你需要了解那些本来可以消费在你的企业的钱流向了何处。例如，当嘉年华邮轮集团（Carnival Cruise Lines）在与崔西（本书作者之一）的研讨会上提出这个问题时，其管理团队并没有提到其他远洋邮轮公司。管理团队立即将自己的竞争对手定位为"陆地上的度假胜地"。

制定战略的关键参与者

谁应该参与战略规划过程？简单的一句回答即为，每个负责执行部分战略计划的人都应该从一开始就参与制定战略规划。

从企业所有者或首席执行官、总裁、董事长或任何其许可、立场或权力对启动战略计划非常重要的关键人物开始。如果计划没有得到自上而下的完全支持,就会被忽视。或者更糟的是,计划将被破坏。让我们看看为了让企业员工实施新战略,必须采取哪些激励措施或抑制措施。

制定企业战略就像改善身体健康状况。必须首先实施正确的激励措施,以确保每个人都在计划成功时拥有既得利益。

🔁 通过规划节省时间和金钱

在开始实施之前制订好完整的商业计划,这将节省大量时间和金钱,以及少则数月长则数年的辛勤劳动、挫折和失败。但不要让商业计划一成不变,商业计划应该随着每次市场测试和每次实践而不断变化,这样才能使整个企业的业务蒸蒸日上。

清晰的商业计划可为领导者提供竞争优势。规划的过程 —— 包括不断获得关于进展的反馈,并思考每一个细节 —— 将使你的思维和意识更加敏锐,使你更有可能获得成功。

找到衡量进度的正确方法

最终，你的职业生涯和企业价值将被依据关键的运营和财务指标进行评估。作为领导者，你面临的最重要的挑战之一是找到正确的措施并对其保持专注。企业中的每个关键人物都必须完全清楚地知道，哪些数字对企业的成功最为重要和最具预测性。

所有商业成功都是改变如下关键数字中的一个或多个的结果。有时，这些被称为关键绩效指标（KPIs）或关键成功因素（CSFs）。

我们为读者提供如下一目了然的数字集合，其中包括33项衡量指标，以启发或促使领导者为自己的企业创建专属"商业智能仪表板"。

（1）所有产品的销售额（总收入，数额最大）

（2）其他各类收入（非销售收入）

（3）销售成本（所有产品的销售成本都包括）

（4）支出（开展业务的各项成本）

（5）工资（通常是较大的单项开支）

（6）潜在客户开发（每个潜在客户的数量和成本）

（7）从潜在客户到客户的转化率

（8）获客成本（cost of customer acquisition，简称 CAC）

（9）平均销售规模

（10）每笔销售业务的平均毛利润

（11）边际平均毛利润

（12）每种产品或服务的每笔销售业务的平均净利润

（13）每笔销售业务的平均成本（每个产品或服务的具体总成本的平均值）

（14）客户平均购买次数

（15）客户终身价值

（16）每位员工的销售额（取平均值）

（17）每天、每周、每月，或每小时的销售额

（18）每个具体产品或服务的销售额

（19）向上销售或交叉销售的平均规模

（20）收到推荐的平均数量

（21）每平方米平均销售额（零售）

（22）投资回报率（return on investment，简称 ROI，投资和工作的资金回报）

（23）净资产收益率（return on equity，简称 ROE，指企业所有者权益回报率）

（24）销售利润率（ratio of income as percentage of sales，简称 ROS）

（25）应收账款的数额和未偿付的时间

（26）应付账款和到期时间

（27）银行存款数额

（28）从信贷额度中提取的资金额

（29）企业的负债总额

（30）关键数字的总体趋势

（31）未来履行的订单数量

（32）坏账和逾期应收账款的数量和规模

（33）产品和服务的每日活跃客户和网站的日活跃用户量

除了这些指标外，每个行业还有数百个指标。请选择最适合自己的企业的指标组合，推动客户和团队，并将这些指标纳入企业的"商业智能"仪表板。

有时，全企业对改善一个关键数字的强烈关注可以改变整个业务，但你必须知道哪项指标需要改善。这是管理层的一项主要职责。领导者必须制订一个计划，一个"全场紧逼"战术❶，以改善企业中最重要的数字。对组织而言，最重要的指标是什么？无论答案为何，"经济指数"的显著改善都是建立卓越企业的关键。

---

❶ 篮球运动中的一种防守战术，在攻击方还没进入防守方半场之前，就在对方半场进行防守。——译者注

第二章　优秀的商业计划
调查问卷

成为自己的管理顾问，可以为自己节省大量的时间和金钱。以下是可供你遵循的7步流程。

1. 你对企业的愿景是什么？你为客户解决什么问题？如果你的企业在未来某个时候变得完美，你和其他人会用什么词语来形容它？

　　a.＿＿＿＿＿＿＿＿＿＿＿＿＿＿＿＿＿＿＿＿＿＿＿

　　b.＿＿＿＿＿＿＿＿＿＿＿＿＿＿＿＿＿＿＿＿＿＿＿

　　c.＿＿＿＿＿＿＿＿＿＿＿＿＿＿＿＿＿＿＿＿＿＿＿

2. 在指导并决定你的行为和商业活动的价值观中，你所信奉和支持的三个最重要的价值观是什么？

　　a.＿＿＿＿＿＿＿＿＿＿＿＿＿＿＿＿＿＿＿＿＿＿＿

　　b.＿＿＿＿＿＿＿＿＿＿＿＿＿＿＿＿＿＿＿＿＿＿＿

　　c.＿＿＿＿＿＿＿＿＿＿＿＿＿＿＿＿＿＿＿＿＿＿＿

3. 设定战略目标。为了建立一个成功的企业，你必须实现哪些目标？

　　a. 在未来1年、2年、3年、4年和5年内，你希望达到什么样的销售水平？

b. 你想从这些销售业务中获得怎样的盈利水平？

c. 你希望在未来几年让你的企业实现怎样的增长率？

4. 设定战术目标。为了完成战略目标，你必须参与哪些活动？

a. 你打算生产什么具体种类和质量的产品和服务？

b. 你用什么营销和销售计划来实现预期收入？

c. 你将如何吸引所需资金来建立和经营企业？

d. 你将如何吸引企业成功所需的人才？

e. 当企业业务有所起色，你将如何通过新产品、新市场来发展和扩张你的业务？

5. 你是否考虑过以下战略变量，并让它们作为商业计划的一部分？

a. 产品策略。界定所提供的产品或服务的设计、组合和特点。

b. 客户策略。界定你打算向其出售产品和服务的具体客户的类型，以及他们的特点。

c. 推广策略。你将如何向客户推广和销售产品和服务？

d. 分配策略。你将如何为客户分配和提供产品和服务？

e. 竞争策略。你将要在哪些方面取得相对于竞争对手的优势或卓越表现？

f. 价格策略。你将如何确定产品和服务的价格？

g. 融资策略。你将在何处以及如何获得短期和长期资本？

h. 投资策略。你如何将资金分配在产品开发、研究、销售、推广以及设施和办公环境方面？

6. 你的商业计划是否已总结当你阅读到本章的此处时能想到的所有信息？一份商业计划包括以下内容，请你按顺序排列：

a. 执行摘要，它描述公司的使命、市场范围、对产品或服务的需求，以及公司的预期销售额和赢利能力。

b. 决定进入市场并提供这些产品和服务的概念或理由。

c. 目标，是企业在未来1~5年的销售、收入、利润率和增长方面的目标。

d. 市场分析和对该分析的完整阐述，包括你有理由相信在提供产品和服务方面，你有大量的赢利机会。

e. 生产数据，它要能完整描述企业为市场生产和提供产品或服务所需要的一切。

f. 市场营销，完整描述你打算如何在竞争激烈的市场中营销、宣传和销售产品和服务。

g. 组织和人员，完整地描述你需要的人才，以及你打算如何吸引企业成功所需的关键人才并给予他们报酬。

h. 财务预测，包括完整的预算、收支平衡分析，以及未来12~24个月的预期销售额和支出。

i. 所有权声明，包括企业所有者的姓名和所需的投资者的描述说明，以及筹集必要资金的计划。

7. 你是否仔细分析了你为商业计划书准备的每一个指标?

    a. 一定要彻底检查每一个重要的数字。这些是真正推动客户成功的指标吗? 这些指标能否在交付该产品或服务后让你获利?

    b. 将你的预设纳入商业计划之前,请仔细检查这些预设。

    c. 请记住,在全新的企业中,每件事务的成本大约是预设的2倍,所需的时间大约是预设的3倍。

    d. 优秀的商业计划中要包含一项策略,即永远不要相信运气或愿望。

    e. 养成在任何商业计划或重要财务预测中寻找严重缺陷的习惯。

根据对前面7个问题的回答,你会立即采取哪一项行动?

_____

_____

_____

第三章

打造优秀的团队

奉献自己最好的一点是，我们最终的收获总是胜于我们的付出，收获的反馈总是胜于付出的行动。

——奥里森·马登（Orison Marden）

美国成功学大师

在任何组织中，最大的未开发的和最昂贵的资源之一就是人。激励人们为组织做出充分的贡献是管理者倍增个人效能的最快方式之一，也是企业实现卓越的重要途径。

这意味着，绩效和成果的最大改进可能来自释放企业中普通人的潜力。

🐬 人才方程式

正确处理人与人之间的关系是企业需要面对的最困难的事之一。在与汤普森（本书作者之一）讨论这个问题时，查尔斯·施瓦布身体向前倾，仿佛要吐露一个秘密，"作为一个领导者，你的工作是寻找、吸引和发展其他领导者。如果你这样做，你的企业就会越来越好。"他低声说，"若非如此，就不会，就这么简单。"

施瓦布早年就学会了让自己周围的人不仅与他有共同的抱负，而且在关键业务能力上比他更有天赋。如果一个人想取得进展，把事情做好，就必须成为一个团队的领导者。

施瓦布发现一个一些企业家往往在为时已晚时才意识到的问题：自己在某一方面很有天赋，但在许多其他方面却没有足够的才能。维系成功的重要方法是招聘和授权给那些拥有自己不曾拥有的才能的人。可是，许多企业家直到遇到危机时才会学到教训，注意到这一点。

"大多数企业家认为自己在每一件事上都很出色，"施瓦布狡黠地笑了笑，"其实这完全是错误的认知。我自认为算是个聪明人，"他说（他确实是！），"但我承认，我在文学和语言等科目的学习上频受打击。"大学里第二次在此类考试中不及格后，他差点被学校要求退学。

"当你的名字出现在办公室门牌上时，你就要对企业负起责任，比以往任何时候更要负责。但如果你事必躬亲，那么企业就处于危险之中。"施瓦布说。如果企业的一切都要依赖于你，那么企业就无法发展。如果一切都围着你转，那么企业离破产会来得远比你想象得快而容易。

除非你能信任其他人来继续传递工作的"火炬"，否则企业运行只能局限在你在工作日内所能处理事务的规模。当你找到可以培养的人来取代你的职位时，正如施瓦布所说，"只有到那时，你才从一个企业家变为一个真正的领导者。"

正如任何风险资本家告诉你的那样，如果企业的唯一资产是你自己，那么吸引投资者并为企业获得可观的利润真的很困难。如果企业受到某个个体的时间、想法、精力和健康的限制，那么投资者和客户就会面临风险。当有关乔布斯的健康问题的消息泄露出来时，苹果公司面对的是一个真正的难题。企业股票价格随着公众揣测乔布斯的身体情况而波动。直到苹果公司在乔布斯缺席的情况下依然表现出增长事态，苹果公司才向股东证明，企业的杰出并不完全依赖于乔布斯一人。

若团队的所有关键决策都完全取决于你，企业规模就无法得到应有的扩大。而一个无法扩展和成长的企业不会像一个能够不断发展的企业那样做到历久弥新，资本雄厚。

❧ 企业的使命就是员工的使命

嘉信理财集团在金融危机期间成功躲过摧毁了许多银行和经纪行的"子弹"，原因是施瓦布已经拥有一个全员价值观相同的领导团队。企业整个管理层并没有沉迷于那些短暂而危险、看上去光鲜迷人的投资计划。事实上，由于企业领导团队的坚持不懈，嘉信理财集团在"大衰退"期间赢得了更多的市场份额。嘉信理财集团成为盈利能力最强、发展最快的金融服务公司之一，并一直在君迪（J. D. Power）优质服务领域领导者评选中名列前茅。

"你需要找到和你一样坚信愿景的人。因为热爱，所以雄心勃勃，这些人会将你的事业提升到新的水准。"施瓦布坚持地说，"你想要的是有能量的人，为了自身利益（而不仅仅是领导者的利益）而成就事业。他们把企业使命作为他们自己的使命，并努力让企业变得更好。"

在企业中，你能拥有的最好的财富是一个团队，他们中的每一个人都能以自己的方式成为领导者。波士顿爱乐乐团的指挥本杰明·赞德（Benjamin Zander）说，你需要"眼睛发亮的人"——那些眼中闪烁着热情之光的人，他们可以坐在第11把交椅上领导。❶优

---

❶ 意指坐在第11把椅子上的大提琴手，位置往往不如坐在前10把椅子上的人重要。此处指即使是看似处于最不重要的位置的人也能当领导者。——译者注

秀的人无论哪一天，无论碰巧坐在乐团的哪个位置，都会自豪地完成他们的工作。

 ## 优秀人才的 5 个关键要素

整个企业在准备吸引和留住优秀人才之前，需要清楚地了解该如何定义"优秀人才"。在企业中，衡量成功的关键都是取得成果的能力，因此，优秀的员工是那些能够快速、出色、始终如一高质量完成工作的人。以下是优秀人才的 5 个关键要素。

（1）优秀人才都是好的团队合作者。你的团队是否合作愉快？团队成员们是否专注于做任何必要的事情来为团队目标做出有意义的贡献？你需要找到这样的人们：尽管彼此的个性可能截然不同，但他们因有共同的事业或目标而彼此尊重，并因此相互帮助以取得良好的业绩，且在必要时相互给予支持和指导。

（2）优秀人才更关心什么是正确的，而不是谁是正确的。当出现分歧时，应该把注意力集中在主要矛盾上 —— 即如何实现目标 —— 而不是责备他人或寻找借口。你是否定期为员工会议创造一个"安全"的环境，使员工能够在对人不对事的氛围下解决问题？或者你的员工是否会因为害怕被报复而回避棘手的问题？如果团队成员真正渴望实现目标，并被允许坦诚相待，甚至被允许就

如何达到目标展开争论时，那么这个团队将比那些相互攻击，或成员回避提出重要但具有挑战性议题的团队做事更有效率。

（3）优秀人才都拥有典型的结果导向型人格。最优秀的员工会专注于做出贡献，专注于做对企业产生真正影响的事。他们能够确定优先事项，并高效利用时间，他们还会专注完成关键的任务。

（4）优秀人才会对自己需要完成的工作高度负责。他们不需要密切监督，因为他们觉得自己应该对结果负责。

（5）优秀人才认为企业是很好的工作场所。他们将自己视为企业这个大家庭的一分子。他们把企业视为自己所属，并把工作当作重要的责任。工作成为他们"身份"的一部分，他们在工作之外也与同事展开社交活动。

🐬 打造优秀团队

当向经验丰富的高管或企业家询问他们面临的最大挑战时，有一项挑战经常名列第一，即选择合适的人。作为管理者，你总是有两个选项：事必躬亲，或是授权他人。而选择"授权他人"的能力，是衡量管理者能力的重要标准。

也许最聪明之一的做法应该是，从一开始就慢慢地、谨慎地选择人才，这将大大提升管理者做出明智选择的可能性，而降低犯下严重错误的可能性。在招聘时，既要考虑应聘者的工作技能，又要考虑其态度、个性和品格。

招聘者的职责是寻找那些在从事的岗位上能够有效发挥作用的人。如果招聘者不信任一个人能够做到这一点，那么一开始就不要聘用这个人。以下是一些关键的方法，将有助于帮助招聘者甄选人才。

■**甄选的艺术**

最好的高管招聘人员会进行"行为面试"。在招聘过程中，招聘者首先应该看的是应聘者之前的工作表现，因为过去的表现是预测未来行为的最佳指标之一。

不要问应聘者用"是"或"不是"回答的问题。要问他们用"如何"和"为什么"回答的问题。请应聘者描述自己曾经处理过哪些特别困难的挑战，他们如何与难相处的人共事，他们如何解决问题和取得成果。

"我从不聘用没有犯过令人难忘的错误的人。我想听听，到底发生了什么，对他们意味着什么，该事件伤害了谁，以及他们对此做了什么。"摩根大通首席执行官、著名银行家杰米·戴蒙（Jamie Dimon）说，"如果应聘者是高绩效的人，则一定会采取'围栏挥杆❶'的方式，而当人如此大力挥杆时，一定会失败很多次。关键在于，

---

❶ 源于棒球术语，即击球手试图将球击出围栏以获得本垒打。本处指极为卖力地工作。——译者注

了解了应聘者过去的行为方式，你会知道未来的他们会如何表现。"

■3定律：应聘者的试驾机会

错误的招聘决定的损失会达到该应聘者年薪的3~5倍。错误的招聘决定的代价不仅体现在高昂的人力财力损失，还体现在浪费你本人投入的、其他人投入的、本可以投入到更好的人选身上的时间成本，甚至包括高人员流动率的企业出现的士气低落的成本。因此，流动率低的卓越企业坚持对许多不同的候选人进行8次、10次甚至15次面试，往往经由多位面试官进行面试，然后才做出最终决定。

正如演说家、"人脉专家"哈维·麦凯（Harvey Mackay）所说，"选人要精挑细选，裁人要快刀斩乱麻"。挑选人才时要慢慢来，做到这一点的最好方法是采用"3定律"。

3定律有如下适用情况：

（1）一个职位至少面试3个人。即使你喜欢第一个人，并且觉得这个人很合适，也要约束自己，至少再面试2个人。许多大公司在面试了10个或15个候选人之后，才会正式聘用一个人。面试的人越多，你就会对所需要的人才越有感觉。面试的人越多，选择就越多，你做出正确选择的可能性就越大。

（2）在3个不同的地方面试你喜欢的应聘者。当把面试环境从办公室转移到街对面的咖啡馆时，应聘者的表现会发生惊人的变化。要在3个不同的地方面试同一个人3次的理由是，应聘者通常会在第一次面试中表现出最好的状态，如果他们是假装的，那么在随后的面试中，他们的面具很快会被揭穿。

最好每次更换面试地点，还有另一个重要原因，这也体现很多员工在工作中取得成功所必须拥有的能力：他们必须在许多不同的地方与许多不同类型的人合作。

（3）让应聘者至少接受3个不同面试官的面试。崔西（本书作者之一）的企业会采用一个非常实用的方法，就是邀请应聘者到企业的各个办公室去转转，见见不同岗位的员工。之后，召集所有员工一起进行投票。如果哪怕有一位员工不同意聘用该应聘者，这个人就应该被淘汰，应聘就此结束，无须赘言。崔西如此解释：

当我还是一个年轻的企业家和管理者时，我觉得自己足够聪明，可以自己主导，决定所有的招聘结果。我最终花了一半的时间来弥补当初聘用错误人员的代价。而当我开始让员工参与招聘决策后，招聘决策的质量就提高了大约 90%。还有一个额外的好处是，当员工一起面试一个未来的团队成员，并且大家都同意，这个人会是一个很好的选择时，所有团队的人都会撸起袖子，张开双臂，去帮助这个人成为团队里有价值和有成效的一分子。通过参与招聘过程，员工可以把自己的利益和应聘者的成功联系起来。

⤴ SWAN 公式

在面试中有一个非常好的公式，叫作 SWAN 公式，该公式以高管招聘专家约翰·斯旺（John Swan）的名字命名。这 4 个字母代表着聪明（Smart）、努力工作（Work Hard）、野心（Ambition）和亲和力（Nice）的首字母。这是一个良好、实用的招聘公式。

（1）聪明。成功人士都很聪明，尤其是在涉及本职工作所需的技能和能力方面。这就是吉姆·柯林斯在其商业经典著作《从优秀到卓越》（Good to Great）中所表达的意思，让合适的人坐在合适的座位上。对本职工作有天赋的人往往工作速度更快、效率更高、犯的错误更少。

如何判断一个人是否"聪明"？很简单，聪明人都会问很多问题。这些问题应该表现出对企业的热情，并根据工作的不同，表现出要在该职位上取得成功所需的技能。一个人对工作、企业、未来发展和竞争提出的问题越多，这个人如果未来为你工作，就越有可能成为一名有价值的员工。

（2）努力工作。那些真正想"努力工作"的人，往往在工作中更成功。俗话说"江山易改，本性难移"，一个不习惯努力工作的人，不会因为有了监督而突然转变态度。

世界上最好的高管教练之一、《纽约时报》畅销书《魔鬼管理学》作者马歇尔·戈德史密斯说："当你在办公室里投入如此多的生命（中的时间）时，最好还是热爱你所做的事吧。"

优秀的应聘者愿意为在工作中取得成功而付出努力，不成功的应聘者则会立即开始顾左右而言他，谈论这份工作如何是事业之间的"良好过渡"，或者他们需要多少休假时间。

平衡生活和工作是所有成功人士的长期挑战，很少有人从一开始就在此方面表现良好。但是，应聘者过去的表现是其未来绩效的重要预测指标。可以让应聘者的推荐人谈一谈这位应聘者之前如何处理危机或失败，当你到推荐人那里查证时，一定要问一问："从1分到10分，你会如何评价这个人的勤奋程度？"如果推荐人不能或不愿意回答这个问题，就要找到另一个愿意回答的人来获取答案。

（3）野心。应聘者应该"雄心勃勃"，并能证明自己为什么想得到这份特别的工作。"不要成为追逐火焰的人，"海德思哲公司（Heidrick & Struggles，美国一家提供高管招聘和领导力咨询的公司）前副主席史蒂夫·迈尔斯（Steve Miles）如此警告，"要寻找那些对这项任务，而不是对未来晋升或利益拥有激情和雄心的人。他们必须在这份工作中专注当下，而不是追逐未来可能的名利。"面试官应该问的问题是："你在3~5年内的职业规划是什么？"应聘者越是把工作看成一个让自己继续进步的好机会，他从第一天起就

会把工作做得越好。

（4）亲和力。在这种情况下，当我们说"亲和力"时，我们指的是那些积极、开朗、容易相处并支持他人的人的特点。他们可以融入你的企业文化，他们的信念与领导者的价值观和组织所服务的客户能够保持一致。

对内部人士来说，成功填补了一个职位，意味着团队找到了一个人，这个人值得整个团队信任，并且团队喜欢与他相处。根据企业文化的不同，这可能意味着找到了不同的人。

像西南航空公司这样以人为本的企业坚持认为，必须"招聘态度"。"招聘态度"的意思是，企业甄选出来的人，需与企业文化相一致，符合该岗位的要求，并能够以这种态度在该岗位上高效工作。但这一点在世界上各大成功企业中并非完全如此。

在谷歌，"接受采访时，我们互相猛烈抨击，"谷歌前首席执行官埃里克·施密特（Eric Schmidt）谈到他与创始人拉里·佩奇和谢尔盖·布林的早期谈话时这样说，"我们不断探测彼此的智慧、抱负、信念和诚信，他们推翻我对一切的假设！我们冲突不断，争论不休。但之后我们因为这样做而更尊重彼此。谷歌的企业文化包括'不断测试彼此的承诺，让谷歌日益卓越'。"

沃伦·斯特利（Warren Staley），一位翩翩绅士，管理着巨大的私营企业嘉吉投资有限公司（Cargill）。初次见面，人们会觉得他是一个可爱、朴实的人。"但我从不邀请外人参加我的行政会议,"这位退休的首席执行官说。在这些会议里,来自世界各地的位高权重的知识分子和管理人员聚集一堂,争论不休。斯特利允许甚至鼓励大家提高音量,前提是只争论当前问题,绝不允许辱骂或人身攻击。

"如果太过安静,你就不会显得具有参与感或真实感,而这是你的团队成员需要的。"他观察到,在嘉吉投资有限公司多样而不设限的企业文化中,这(过于安静)不够有"亲和力"。我们珍视真正意义上的多样性——不关乎外表,而是你作为个体是谁,你了解什么、信奉什么——所有这些都来自独特角度的观察,使我们能够作为一个企业整体变得更加睿智并取得成功。

我们想要强调的重点是,你需要找到与组织的目标相一致的人,而不一定是看起来或听起来与你相似的人。正如曾长期担任嘉吉投资有限公司首席执行官的斯特利所说:"仅仅为了一个应和而增加一份薪酬,意义何在?为什么要花钱找一个对我言听计从的人?"

伟大的团队由多元化、充满激情的人组成,他们可能只有几个共同点:SWAN。他们聪明、努力工作、有野心、有亲和力,以建设性的方式为同事和客户增加价值。

■解聘

建立一个卓越的团队，关键在于有效的招聘。而打造卓越团队的另一面就是解聘。你必须有勇气摆脱消极或具破坏性的人，因为这些人会拖累整个组织。

对团队来说，最大的消极因素之一是领导者不愿意迅速而勇敢地处理那些应该被解聘的人。团队其他成员不仅会尊重你作为领导者需要这样做的行为，他们更需要你履行领导者的职责，从团队利益出发，他们需要你这样做。往往只有在危机中，领导者才有勇气代表受负面人物影响的其他人做正确的事情。

但很多时候，领导者会选择尝试"修复"有瑕疵的人，但这很少奏效。消极的局面会不断发酵。解决问题的方法不是"修复"，而是找到适合该岗位的人。让该离开的人离开，在大多数情况下，这都是皆大欢喜的好选择。

当你想到某个员工时，请不断问自己这个问题："如果当初没有聘用这个人，在我目前的认知条件下，今天的我还会再聘用他吗？"

如果你的答案是"不会"，那么试图挽回这个人通常为时已晚。你越早让这个人离开，对所有相关人员来说越好。领导者做的最糟糕的事之一，就是让员工从事未来没有前途的工作。领导者能做的最善良的事之一，就是让不适合的人离开，让他们去寻找更适合自身技能和个性的工作。

这里还有一个问题："如果有个人今天来找我，说他在考虑离开，我会试图让他留下来吗？"如果你的答案是"不会"，那么你知道接下来应该怎么做。正如吉姆·柯林斯在《从优秀到卓越》中写的那样，让正确的人上车，让错误的人下车，然后让正确的人坐在车上的正确座位上。

■更频繁的绩效审核

大多数管理者的问题是，他们不提供足够频繁或坦率的绩效审核，而这些审核能够让他们在晋升或解聘人员时有所依据。大多数管理者和员工都刻意避免诚实的考核，因为他们认为这些考核具有特殊意义，会造成情感上的痛苦。

因此，建立明确的期望和指标来衡量工作非常重要。如果领导者希望能够快速提高绩效，那么就应该每天、每周或每月对员工进行审核。年度审核虽然在大多数公司是必要的存在，但如果没有为团队中的每个人提供额外的指导，审核会成为一场灾难。

如果没有频繁的绩效反馈，你会在不知不觉中低估表现最好的人，而提拔表现最差的人。领导者越是能创造出客观的措施来衡量员工表现，而且这些措施对个人和组织来说越为频繁或清晰，领导者就越不会因为阻碍（或失去）优秀人才、保留没有业绩的人而遭遇被讽刺的尴尬局面。作为领导者，当员工所采取的行动对实现组织目标产生积极影响时，你必须让他们知道。但当他们的行

为没有带来真正的进展时，你也同样要清楚地告诉他们。要行动迅速、当场客观告知，不要带着愤怒或带偏见地评判，也不要多做纠缠。马歇尔·戈德史密斯称其为"前馈"，即建议员工未来哪些方面可以做得更好。如果批评是快速给出的，并且重点强调当前或下次该如何处理，那就会减少一些给员工带来的"刺痛"的感觉。

■ **传达明确的期望**

研究激励员工和建立优秀团队方法的研究人员发现，企业中最重要的激励因素之一是"明确的期望"。当员工被要求描述曾经有过的最好的工作经历时，他们总是回答："我一直很清楚老板对我的期望值。"

当研究人员寻找职场中最主要的消极因素时，发现该因素就是"明确的期望"的反面，即"不明确的期望"，或者员工"不知道上级对自己的期望是什么"。

人们很容易受到他人期望的影响，尤其是来自他们所尊重的人的期望，在组织中，你相对于另一个人的地位越高，你的期望就越能影响这个人的行为。

作为上司，你必须不断告诉下属，你相信他们，你希望他们工作出色。用自己成功和失败的经历（以及你钦佩的人的故事）鼓励团队，表达共情和支持。当你满怀信心地期望员工成功、表现出色、出类拔萃、致力于快速和高质量地完成工作时，他们几乎无一例外地会达到你的期望水平。为了不让你失望，员工的表现往往会超出他们对自己的期望。

创造最佳环境

顶级管理者是那些创造最佳环境的人。他们双管齐下，将所有已知的激励因素落实到位，同时消除抑制绩效的消极因素。数十年来，对最佳绩效和动机的研究可归结出一个结论：成功的企业有一个共同点，即创造出让员工自我感觉良好的环境。

"许多领导者没有意识到，工作环境——办公室、团队里的人和文化、上司的态度以及激励措施——所有这些都直接影响员工的表现。"曾在斯坦福大学商学院教授组织行为与变革课程的荣誉退休教授杰里·波勒斯（Jerry Porras）如此说道。波勒斯也是商业经典著作《基业长青》（*Built to Last*）和《成功长青：谁都可以拥有意义非凡的人生》（*Success Built to Last：Creating a Life that Matters*）的合著者。工作环境是决定企业成功与否的一个重要因素，而环境会让人们更为持久地保持自己的工作状态，好环境如此，坏环境也一样。

一个很重要的问题是，你是否为团队提供了一个"成功"的环境？如果让一个你信任其商业经验的人物突然来到你的企业，参观业务并听取实时发生的情况（在并非企业最佳表现的情况下），那个人会怎么想？你的工作场所是否能激励员工发挥其最佳水平？你的企业文化是在帮助员工还是在阻碍他们？

海德思哲公司的史蒂夫·迈尔斯说："卓越的管理者通过学习'理解让员工心动的东西，并赋予员工权力，让员工觉得自己能够代表员工、客户和股东群体'，从而让自己能够充分发挥员工潜力……如果没有一个良好的环境和明确的支持，让员工觉得自己在为客户服务方面取得了进展，大多数员工的工作能力就会大打折扣。"

■驱除恐惧

盖洛普（Gallup）对数以万计的员工进行了研究，发现推动员工参与的最深刻的问题之一，是员工与上级的关系。这种关系会影响员工的行为，这种关系会影响员工的感受和对工作的热情。

聘用者和受聘者之间的互动质量，是工作积极性和绩效的关键决定因素。领导者应该视员工为合作伙伴、客户以及企业的重要组成部分，因为员工确实是这样的角色。

人们会受到别人对待自己的方式的影响，特别是上级和组织中的其他重要人物的影响。一个眼神、一句评论或一句赞美都能激励员工在一整天甚至更长时间都拥有更高的工作效率。员工觉得自已有多大自由度来表达想法、感受和担忧,甚至向上级表达分歧,而不用担心被批评或报复,可以衡量该企业中,上级和下属之间关系的质量。

在工作中有一种方法可以让员工实现这种快乐和幸福感,即消除员工对失败和拒绝的恐惧,正是这种恐惧抑制了员工展现其最佳表现。正如美国质量管理大师威廉·爱德华兹·戴明(William Edwards Deming)所说,管理者要"驱除恐惧"。如果管理者们能够创造一个积极、高能量、高自尊的工作场所,其员工也将拥有高绩效、低缺勤率、低离职率、低出错率和高生产力。

驱除恐惧最好的方法之一就是,管理者停止制造恐惧。当管理者始终如一地表达自己的期望并客观地衡量员工表现时,就可以在组织中建立信心并减少恐惧。当管理者享受工作并保持幽默感时 —— 只从个人出发,不牵涉团队 —— 管理者就可以大大改善办公室的高压力氛围。即使是一些正在经历生死攸关的企业,也坚持把"愉悦"作为企业固定的核心文化。在西南航空公司,创始人赫伯·凯莱赫的知名幽默感常常使他的团队充满活力,没有恐惧,因为他本人愿意成为笑话的主角。

"说实话,他们可怜我,他们认识到我是多么无能,他们说:'我们不能让赫伯做任何有意义的事情,但我们喜欢他'",当汤普森(本书作者之一)与他交谈时,凯莱赫开玩笑说,"那么,该让他做点什么事，才能不把企业搞得一团糟？所以他们让我当了董事长、总裁和首席执行官，这样我就不会亲手做任何一线工作了！"他笑着说。

凯莱赫的"单口相声"很有趣，但这并不是一个笑话。他强调，自己希望每位飞行员、空乘人员，以及运营人员或行政人员都能了解到，对客户来说，他们比高坐在角落办公室的高管更重要。

领导力不是一种奖励或权力，对于那些能让客户为组织带来价值的员工来说，领导力是对他们的一种责任。

"员工是第一位的，重要程度甚至排在客户之前，"凯莱赫说，"除非员工心情愉悦，充满积极性，否则企业永远不会有回头客。"

作为领导者，你能做的最正确的事情之一就是把团队看得比自己更为重要。驱除恐惧是西南航空公司等企业的核心价值观，但幽默并不意味着西南航空公司对安全、服务或成功的重视程度有所降低，幽默意味着快乐是使这家企业保持活力的文化核心，幽默是西南航空公司让员工在工作中展示创造力，并使员工与客户的互动更为人性化的方式。

 激励 3R

有成百上千本探讨激励这一主题的书，但很难有一本能够真正

激励你采取行动。大部分动机都是由内而外产生——因为喜悦、恐惧或其他内部因素，人们感受到一种内驱力去做事情。为了激励自己和他人的行为，有一个"激励3R"值得你记住：

（1）认可（Recognition）。这是所有激励因素中最有力的之一。当被认可和庆祝无论大小的成功时，员工会对自己的感觉非常好，他们感到积极、快乐和有价值。他们觉得自己更有能力，并渴望重复这项任务或承担其他任务。

你可以在员工完成一项任务后私下告诉他们，他们做得很好，以此作为表扬。但更好的是，你可以公开表扬他们，向尽可能多的人宣告他们做得很不错。在员工会议的一开始，你可以首先指出团队中有人成功地完成了一项重要任务，并带头为这个人鼓掌，此时，你就向整个团队传达了"为什么这项工作很重要"这一信息。这将极大地提高团队的积极性，让团队充满动力，未来会有更好的表现。

（2）奖励（Reward）。认可是一回事，奖励是另一回事。员工需要各种奖励来维持积极性，否则他们会开始感觉认可只是在作秀，背后没有实质内容。

奖励有2种类型：有形的和无形的。有形的奖励是实物或金钱，有形的奖励还可以是升职或者如一支笔或一个公文包等的奖品。有形的奖励是可见的，并可以让实现目标的员工认识到自己的重要

性和价值。

一些企业会向每位达到任务规定的或更多的销售额的销售人员分发带有数字"100"的胸针。这种小小的、实实在在的成就标志是销售人员努力争取到的，这样他们就有了可以引以为傲的东西，并在接下来的12个月里自豪地佩戴着它。企业里全员上下都认可这个奖励，并能够了解这位销售人员为实现该奖励付出了什么。这枚胸针可能很小，但它是成就的象征，对接受者和其周围的每个人都意义非凡。

无形的（或非正式的）奖励也是一种强大的激励因素。你可以在员工完成一项重要任务后带他们出去吃午饭，或者奖励他们带薪休假。无形的奖励可以提前几天公开通知，让每个人都知道老板请这个人出去吃午饭，就是因为这个人完成了对企业很重要的工作。还有一种无形的奖励，也能带来巨大的激励：你可以赋予员工更多的责任，或者让他们接受高级培训，以让他们能够在未来更好地完成工作。这一做法可以让领导者一举两得。接受培训的人不仅觉得自己更有价值、更重要，而且企业还会收获一个更有能力在未来取得更好成绩的人，这一做法能够让各方同时受益。

（3）强化（Reinforcement）。另一个强大的激励工具是"强化"。这种强化是指不断地私下和公开表扬员工。如果员工在做一个由数个步骤组成的大型工作，或者在做一个需持续几个月的工作，你应该在工作的每一个步骤中或者在员工取得每一个微小的成就后定期表扬员工和强化，即使他们还没有完成最终的目标。

例如，一项大型、复杂的销售任务可能有几个阶段，从第一次接触客户到签署合同，需要经过几个月的时间。销售经理的工作是认可销售人员在完成销售任务的每一步取得的成果，并强化这种认可。这样可以保持高昂的士气，并激励销售人员在面对不可避免的挫折和逆境时坚持下去。

■了解员工看重的东西

提高一个人内在动机的关键是，给予其的奖励与其深深重视的事物相一致。员工深深重视的事物并不总是很明显，所以领导者要认真研究，询问员工对什么事情有热情。你可能会对得到的回答感到惊讶不已。

世界上最枯燥的工作之一就是从信封中取出支票，然后逐张扫描。各大银行会聘用员工在一个庞大的服务中心完成这项枯燥的工作。美国银行（Bank of America）曾询问这些员工他们最在乎的是什么，很多人的回答是"早点回家"。

但有一位聪明的经理认为这个回答不是坏消息。她可以通过对那些能在一天内更多、更准确和更快地完成工作的人进行奖励来提高生产力和利润率。奖励也很简单：只要工作质量和完成量有所提高，换句话说，只要员工完成了比前一天更多的工作，就可以提前下班。结果令她很高兴、很惊讶，也有点尴尬，因为她看到生产力飙升，离下班时间还有近1个小时，办公室就空无一人了。

■更换月度最佳员工的评选

要建立一家拥有卓越人才的卓越企业，绩效必须是表彰和奖励计划的基础，否则结果可能适得其反。在嘉信理财公司，管理者们惊讶地发现，"月度最佳员工"计划往往会造成生产效率降低。其中一个问题是，一些管理者认为有义务对所有员工进行表彰，这使得该计划毫无价值。还有一些管理者只表彰自己喜欢的员工，这又引起其他员工的不满。

这两种评选方法都没有抓住重点，还对企业造成了伤害。员工会为了达成一个目标而彼此竞争，当他们达到目标时，首先得到认可的应该是这个成就本身，然后才是考虑完成目标的人。领导者应该奖励行为和结果，随后，这些与成功有直接可衡量关系的员工，将成为其他员工的好榜样。只专注某个人，而忽略生产力，员工就会产生嫉妒的情绪。

这就是为什么领导者应该将月度最佳员工计划（针对某个人的奖励）替换为月度成就奖（针对绩效的奖励）的原因。员工讨厌前者，喜欢后者，而领导者应该向员工明确说明什么样水平的表现可以得到该奖励。

📎 幸福的 4C 原则

有一种招聘框架，适用于寻找那些在生活和工作中感到快乐和有动力的人。我们把这些框架看成人生幸福的4C原则。

（1）控制感（Control），指可以自由选择结果，自己是主宰自身命运的主人。

（2）联系感（Connectedness），指有许多深厚的亲密关系，自己与他人建立联系的需求得到满足。

（3）因果感（Cause），指相信有一个比自己更大的存在 **❶**，自己属于它，而这个存在会对世界产生影响并带来变化。

（4）持续的进步感（Continual progress），指确信自己正在向前迈进，正在逐步实现目标和达成一个阶段的目标，并未虚度年华。

每个人都希望自己是个"赢家"。如何获得赢家的感觉？很简单，通过取得成功，或者在成功道路上取得切实的进展！你可以通过把事情做好，通过启动和完成明确的任务，通过得到对所做贡献的认可来获得赢家的感觉。

---

❶ 指各种规律。——编者注

让员工像个胜利者

人们喜欢感觉自己正在取得进步。从心理学角度讲，完成任务是能量、热情和更强的自尊的源泉。当人们完成一项任务时，无论任务大小，他们都觉得自己是胜利者，仿佛他们刚刚冲过了终点线。

一个人完成的任务越重要，完成任务后自尊的提升就越大。因此，一个上层管理者能做的最善良、最慷慨的事情之一就是让员工感觉自己是胜利者。为此，你可以为员工的任务设定明确的优先级，然后有效组织工作，让员工能够出色地完成任务。为了帮助员工感觉自己更像胜利者，请给予他们明确的目标。当委派或分配任务时，要做到具体明确。领导者应该为成功完成任务所需的要素设定可衡量的绩效标准。请记住，有衡量标准才有完成。

■如何专注于需要完成的工作

写下具体完成工作的步骤，以便其他人可以阅读这些步骤并完成工作，并为每一项重要任务创建成功的方法或公式。在招聘下一位新人时，这一简单的行动将会为你节省大量时间和精力，因为这一行动能让新人迅速交接工作，了解上一任相关人员是如何完成该项工作的。新员工就有章可循，可以学习如何更快地成为成功者。

以下是帮助人们专注于需要完成的工作的建议步骤：

（1）为所有任务设定具体的目标和截止日期。明确想要达成的具体目标以及何时需要完成。蒙着眼睛是无法击中目标的。同样，目标不明确也就不容易达成。当员工确切知道该期望是什么、如何衡量以及什么时候应该完成，你就为他们赢得胜利做好了准备。你正在拉起一条每个人都奋力争取冲过的终点线。

（2）不要拔掉插头。我们想和大家分享一个真实而富有教育意义的故事。"竞争不会扼杀企业，大多数企业的失败都是搬起石头砸自己的脚。"连续创业者和风险投资家杰克·贾（Jack Jia）说，"企业当时资金短缺，我们在一个破旧的房子里全天候开发自己的软件产品。有一位员工走进厨房使用微波炉，结果造成保险丝爆裂，整个办公室都停电了。"他叹了口气，那件事后，所有电脑发生故障，许多宝贵数据被损坏，疲惫和沮丧的他们失去了工作的焦点，开始为无意义的细节争吵，耗费了原本就稀缺的时间和资源。

就在企业濒临破产之际，他们召开了一次全员会议。"我们将所有问题摆在桌面上，并邀请每位团队成员贡献想法，最重要的是，每位成员要重新承诺自己在整体计划中的个人职责，"贾说，"最终，必须有一个人对每个具体的项目成果负责。这不仅减少了混乱，也更能激励员工明确自己的主人翁职责，为自己带来的结果承担功劳和责任。"

最后，一位风险投资人前来考察他的企业。当这位风险投资人观看一位工程师的电脑屏幕上的软件演示时，他把手伸向了电源插座并拔掉了插头！这是一个测试，风险投资人绝不想投资一个会轻易崩溃的软件。"幸运的是，"贾说，"当我们重新开机后，软件依然运行良好。如果风险投资人早两个星期这样做，我们就不会通过他的测试，企业只能耗尽资金走向破产。在企业中，执行是每个参与者都对企业整体计划有主人翁意识！"3年后，该企业在纳斯达克上市，市值超过70亿美元。

（3）创建标准作业程序（SOP）。一份优秀的标准作业程序应详细说明过去使工作能够顺利完成的成功的技术、步骤和活动。标准作业程序记录了以前所做的工作以及有效的方法，使其他人更容易介入并在未来做好这项工作。

（4）保持技术、能力和兴趣相一致。你是否给员工提供了凭借其现有的经验水平能够成功执行的工作？你是否让员工能够感受到自己是个成功者？如果你觉得分配给某人的工作超出了其能力范围，那么就把工作收回来，重新分配给他更能有效完成的工作。

有时，一个人在一项工作中表现不佳，却会在另一项工作中表现出色。这就是为什么领导者必须让员工不断调整岗位，给他们机会尝试新事物。常胜球队的一大标志是，教练会不断地将球员从一个位置轮换到另一个位置。职场的一大规则是"所谓弱项，只不过是不恰当地应用了某种强项。"

■目标管理

目标管理（MBO）是一种流行且有效的方法，可以释放最优秀员工的潜力并激励他们达到最佳绩效。

目标管理最好用于能够胜任工作的员工，即那些已经证明有能力顺利按时完成工作的人。人最大的愿望之一就是获得自由。人们喜欢感觉自己可以自由地、在希望的时间做想做的事。当采用目标管理时，你为最优秀的员工提供了非常大的自由空间，能够自动激励和鼓舞他们有更高水平的表现。

采用目标管理的方式很简单。首先，指定任务的预期结果，而不是要遵循的具体过程。正如军官会直接命令，"占领山顶！"一旦目标明确，士兵的任务就是找到到达山顶的最佳路线。当领导者向员工明确了目标以及期望的达成时间后，就可以放手让员工自由决定达成该目标的最理想的方法和途径。只有在出现问题时，员工才需要向领导者寻求帮助或建议。这通常被称为例外管理。你可以针对员工应该如何去完成任务提出自己的想法，但也应该让员工可以根据自己的知识和经验，以及实际情况来决定行动。优秀的人喜欢有机会"主宰"自己的工作，并通过工作为企业完成它的使命做出贡献。当员工能够创造出令人兴奋的新方法时，他们会比你想象得更快、更好、更有效地完成工作。

信任的３Ｃ原则

我们在此讨论的所有管理要素都促成了理想工作场所中最重要的因素，信任，的形成。当你让员工感到自己的贡献受到重视和支持时，他们就会信任你。你可以通过３Ｃ原则建立信任：体贴（Consideration）、关怀（Caring）和礼貌（Courtesy）。

■体贴

体贴意味着你应该不断提醒自己，员工除了工作之外还有丰富的个人生活。当你关心员工，关心他们的想法和感受，关心他们工作之外的家庭和友谊时，你就向他们表达出了体贴。你能考虑到员工的各方面这一事实本身，就会增加员工对做好工作的忠诚度和责任感。

■关怀

关怀更为重要。每当我们感到有人关心，特别是对我们很重要的人，如我们的老板，我们就会感到更安全、更有保障，自己更有价值和更重要。领导者表达关怀的方式应该是，告诉员工你有多欣赏他们和他们所做的事情。

也许培养优秀人才的最佳途径之一是"黄金法则管理法"，即对待对方的方式，正是你希望在情势逆转时，自己被对待的方式。

毛姆曾写道："我们所做的一切，都是为了赢得我们所尊重的人的尊重，或者至少为了不失去他们的尊重。"员工对他人的尊重非常敏感，尤其是对来自上级的、掌控自己职位和薪水的人的尊重。无论你对某一特定问题的看法如何，都要认真地倾听和尊重员工的意见。聆听员工们的诉说、询问员工们的意见，即使你不按他们的意见行事。对待员工就像对待一切聪明的、有创造力的、足智多谋的人，他们的想法是有价值和重要的，这样会让员工感觉自己是整个企业和团队中有能力和有价值的一分子。

"像对待老板一样对待你的员工！"这是掌舵通用电气20年的传奇首席执行官杰克·韦尔奇的要求。他教导每一位通用电气的经理，对待下属的方式，就好像有一天你也会在该下属手下工作一样。由于通用电气内部岗位的快速变化和绩效提升，这种情况经常发生：曾经的上级发现自己在为曾经的下属工作。

另一种表达关怀的方式是把团队成员想象成企业的重要客户。如果员工是有能力购买（或不购买）大量产品或服务的客户，你会如何区别对待他们？

■礼貌

对每个人都要践行礼貌。要感谢员工发挥领导力和处理困难情况，也要感谢他们准时参加会议。领导者不能经常性地说"谢谢"，也不能说"请"字太多次，但要确保赞美针对的是建设性的行动，而不是某个人的特征。每次领导者向某人致谢时，都是认可和强化你期望从员工那里得到的行为和结果的机会。

作为管理者，你的工作是为企业的人力资源投资获得最高的回报。领导者应该通过释放每位员工的潜力来实现这一目标。谨慎招聘、为员工分配明确的任务、积极管理、不断激励员工，并定期实践3C原则——体贴、关怀和礼貌。

当大家一起做所有事时，每个人都会获得更多的乐趣，企业会变得更有价值，团队也会对上班有期待感，不愿离开。他们会彼此交流："这个上班的地方真不错！"而最重要的是，这将成为员工们的肺腑之言。

第三章　打造优秀的团队
调查问卷

人们对工作的看法和感受是引发如下反应的关键："这个上班的地方真不错！"

1. 在招聘新人时，你最看重的3个品质和技能是什么？

　　a._____

　　b._____

　　c._____

2. 你如何为团队和整个企业提供"成功"的工作环境？

　　a._____

　　b._____

　　c._____

3. 在招聘中，你可以采取哪3个步骤来实践3定律？

　　a._____

　　b._____

　　c._____

4. 对你的团队来说，激励的3R是什么，你如何利用它们提高员工
   绩效？

   a.＿＿＿＿＿＿＿＿＿＿＿＿＿＿＿＿＿＿＿＿＿＿＿＿

   b.＿＿＿＿＿＿＿＿＿＿＿＿＿＿＿＿＿＿＿＿＿＿＿＿

   c.＿＿＿＿＿＿＿＿＿＿＿＿＿＿＿＿＿＿＿＿＿＿＿＿

5. 如果我们对你进行全方位评估，也就是说，我们打电话给你的客
   户、供应商和关键员工，询问你作为团队领导者的表现，他们会
   怎么说？

   a.＿＿＿＿＿＿＿＿＿＿＿＿＿＿＿＿＿＿＿＿＿＿＿＿

   b.＿＿＿＿＿＿＿＿＿＿＿＿＿＿＿＿＿＿＿＿＿＿＿＿

   c.＿＿＿＿＿＿＿＿＿＿＿＿＿＿＿＿＿＿＿＿＿＿＿＿

6. 与你的团队建立信任的3C是什么，你如何在与每个员工的互动
   中频繁实践？

   a.＿＿＿＿＿＿＿＿＿＿＿＿＿＿＿＿＿＿＿＿＿＿＿＿

   b.＿＿＿＿＿＿＿＿＿＿＿＿＿＿＿＿＿＿＿＿＿＿＿＿

   c.＿＿＿＿＿＿＿＿＿＿＿＿＿＿＿＿＿＿＿＿＿＿＿＿

7. 在目前的认知水平下，有没有哪个为你工作的人，今天的你不会
   再聘用他？

   a.＿＿＿＿＿＿＿＿＿＿＿＿＿＿＿＿＿＿＿＿＿＿＿＿

   b.＿＿＿＿＿＿＿＿＿＿＿＿＿＿＿＿＿＿＿＿＿＿＿＿

c._____

回答完前面7个问题后，你将立即采取哪一项行动？

_____

_____

_____

第 四 章

提供优秀的产品或服务

谁能想出一种方法来更好、更快或更经济地制造或生产任何东西，未来和财富就在谁的指尖上。

——保罗·盖蒂（J. Paul Getty）

美国著名石油商人

菲利浦·克劳士比（Philip Crosby）在他的《质量免费》（*Quality Is Free*）一书中，将质量定义为"符合要求"。

出色的产品或服务是企业成功的关键，没有它们，其他东西都无法长久发挥作用。幸运的是，有一个简单的方法，可以用来预测你当前和未来的销售和盈利水平。这个方法就是，关注你的客户有多少次说"这是一款卓越的产品"或"这是一项卓越的服务"。企业中的每个人都应该专注于每天让客户产生这种反应。

每当有客户消费或使用你的产品或服务时，上述客户的反应必

须成为所有业务运营和活动的关注点。触发此客户的良好反应必须是企业所有业务活动的愿景、使命、目的和目标。领导者应该让其成为所有企业业务和人员存在的理由。

要触发此反应，领导者必须将卓越作为产品或服务以及交付方式的质量标准。

你的质量评级是多少

请想象，一个市场研究企业要做一个调查，要对你的企业、团队、产品和服务以及你所有的竞争对手进行评分。研究人员会询问市场上的1000名客户，在他们的认知中，你所在行业的每家企业的评级如何。如果你所在的行业有10家企业在竞争，就质量认知而言，你的企业会在1~10的范围内处于什么位置？

企业的质量评级被定义为，与存在直接竞争关系的其他产品或服务相比，客户和非客户为该企业给出的产品或服务的质量水平评价。只有企业有了一个可供改进的基准，才可能产生改进。高达90%的业务成功与否取决于客户在使用你的产品或服务后说"这是一款卓越的产品"或"这是一项卓越的服务"的速度和热情。

有一家企业因为几乎各个方面都赢得客户的这种反应（"这是一款卓越的产品"）而备受钦佩。

这家企业备受推崇，以至于各个行业的领导者都会前往其各大洲的工厂参观，看看这家企业是如何"施展魔法"的。"该企业拥有最好的以客户为中心的文化 —— 他们对质量的追求堪称狂热 —— 各大企业无出其右。"百思买联合创始人、前首席执行官布拉德·安德森（Brad Anderson）在参观完这家企业的总部后如此说道。当时安德森正在领导百思买自身的转型改革，他致力于让百思买成为消费电子零售业的世界领导者，在一家完全不同行业的企业的参观体验给他留下了深刻印象。

"他们不会被竞争对手超越，他们一马当先，"安德森说，"要想击败他们，竞争对手们将必须放弃自己曾经苦心建立的一切。"

这家企业成功的秘诀在于，其所做的一切都包含着对创新和质量的执着。企业所有管理者都是六西格玛（Six Sigma）❶、精益生产和各种新形式的流程管理战略应用的"黑带选手"。他们掌握了市面上的优秀质量管理方法。

即使是该企业最严厉的批评者和竞争对手，也不得不承认它是20世纪最卓越的产品和服务企业之一。它因灵活、开放和以客户为中心而名誉全球 —— 这对于一家大企业来说可能是最难做到的事情之一。

---

❶ 用于流程改善的工具与程序，是商业管理的战略之一。—— 译者注

各大最负盛名的评级机构在创新、质量、可靠性、造型和舒适性等方面都给该企业打出高分。尽管该企业的产品最初是为入门级和中端市场服务的，但其卓越的质量和性能使其声誉上升到与高级奢侈品牌相匹配的级别。

具有讽刺意味的是，曾有一段时间，这个国家（日本）制造的产品质量饱受诟病。但在多年的屈辱之后，日本企业界发起了艰难的行动，致力于成为世界上最好的企业。如今，"日本制造"已成为卓越和高质量的代名词。

不知读者是否已经猜到，我们在谈论的就是丰田。但我们谈论的重点不在于这家企业曾短暂面临过的困境。我们正在谈论一个企业声誉的重要性，特别是关于企业的质量声誉如何能真正成就或摧毁企业未来和你的职业生涯。

企业的质量声誉决定一切。如何提高产品或服务带给客户的感知质量❶，应该成为让领导者苦心思考的问题。

丰田在质量方面堪称做出了改变整个汽车行业的提升，大部分是在现任总裁兼首席执行官丰田章男的任期内实现的。

---

❶ 指客户按自己对产品的使用目的和需求状况，综合分析市场上各种经由正式或非正式途径获得的相关信息，对一种产品或服务所做的抽象的、主观的评价。——译者注

企业必须全心全意地为客户提供最好的产品，每一天都要如此。对于那些三心二意对待服务客户的领导者来说，至少有200个急切的竞争者在等待着机会把客户从你身边夺走。

你的组织中的每个人是否都在致力于为客户提供市场上最好的产品和服务？你是否给他们灌输了成为行业"佼佼者"的强烈愿望？

丰田章男做到了。丰田章男是丰田创始人丰田喜一郎的长孙，20世纪30年代，丰田喜一郎从其父亲的公司（丰田织机公司）分拆出一个汽车制造企业。1936年，在企业成立初期一次以客户为中心的实践中，企业举办了一场商标设计大赛。从字面上看，"丰田（Toyoda，日语片假名为トヨダ）"在日语中的意思是"肥沃的田地"，对于一家新的汽车企业来说，这不是一个特别引人注目的名字。通过将拼写改为Toyota[日语片假名为トヨタ，笔画为8（象征好运）]，这家汽车企业彻底与过去的自己"挥手告别"了。

多年平凡无奇之后，丰田成为世界上最好的汽车之一，成了传奇故事主角。企业学会了如何正确地做每一件事。企业成功地细分了市场，为每一种类别的市场创造了完全不同的品牌，并赋予每种品牌全新的风格和营销思路，从前卫和年轻的赛恩（Scion）到性能豪华的雷克萨斯。

丰田为其推出的普锐斯混合动力汽车承担了巨大的风险，在汽车行业的巨大阻力下，丰田投入大笔资金进行技术创新。如今，丰田已经远远领先于竞争对手，以至于福特汽车等其他全球汽车制造商已授权丰田的绿色技术来驱动自己的"美国制造"汽车。

2010年，美国参议院在华盛顿召开了一场激烈的听证会，该听证会的目的是调查丰田汽车出现的严重质量问题。丰田章男对记者和美国参议员说："我汲取了很多教训，从现在开始，我们将真正地尽我们所能，转型为一家让客户信任我们的透明度，并信任我们以客户为中心宗旨的企业。"

他承认，丰田曾经将业务增长置于汽车安全性之上 —— 在业务发展到市场份额第一的时候，企业未能认真听取消费者的投诉。美国交通部数据显示，从2000年到2010年春季，有34人死于丰田汽车的意外加速事故。

缓慢的反应速度让丰田损失惨重，丰田品牌可能需要多年才能恢复。但这里还有一线生机：几十年来，丰田在质量方面的巨额投资，为其建立了一个庞大的良好声誉库。

大多数汽车制造商在其发展历史上都遭遇过类似的事件。就在美国参议院针对丰田举行听证会的一周后，由于出现刹车踏板问题，进而可能影响到汽车的燃油表性能，日产自动车株式会社也全球召回了54万辆汽车。不久之后，韩国现代汽车公司在美召回了515辆途胜SUV（运动型多用途汽车），原因是该款汽车与安全气

囊有关的安全装置存在缺陷。

紧接着，一周后，通用汽车召回了130万辆雪佛兰和庞蒂亚克紧凑型汽车，以修复可能失灵的动力转向马达。

具有强烈讽刺意味的是，大多数企业本具备提供更好汽车的能力，他们完全了解该如何制造优质产品或提供优质服务。

高档汽车制造商奔驰、捷豹、宝马和奥迪都曾因质量问题而遭遇信任危机。这些质量危机迫使每一家企业都重新回到关注客户的轨道。而这一举措卓有成效，这些汽车企业大部分都重塑了自己的形象，重新获得了其受尊敬的地位。这些都是昂贵的教训，让企业学到客户是如何定义质量的。

💫 价格对于卓越产品的意义

由于几乎在每一次重要的销售任务中，有关价格的问题都是会较早出现的问题，因此许多商业人士认为价格是最终的决定性因素。因此，他们认为必须始终采取某种方式调整、降低价格，并分散或减轻价格所带来的压力。

但其实价格不常完全是客户购买或不购买产品的真正原因。如果价格是关键因素，那么任何行业中只有价格最低的商品才能拥有最大的市场份额。

你销售的每件东西在某种程度上都应是与众不同的。你要做的是确定属于自己的特定卓越领域，如果没有，就尽快开发一个。如果你的产品在别处也可以买到很相似的替代品，则可以通过优质的销售和服务方式让你的产品取得卓越的声誉。企业要想方设法让客户感觉它很特别，这一点能让它胜过竞争对手。必须拒绝让产品沦为仅按价格出售的商品。

以钢材为例，你也许认为钢材就是钢材，确实如此，除非能够找到一种巧妙的解决方案，为客户增加产品的价值，才能让这家钢材企业鹤立鸡群。

■要解决方案，而非产品

总部位于斯德哥尔摩的 SSAB（瑞典高强钢制造企业）正是这样做的。SSAB 是世界领先的钢铁生产商之一，也许也是利润最高的企业之一，因为它生产的钢材不是仅用价格差异就能区分的商品。

为客户解决问题，而不仅仅是出售产品，这样做往往会产生很大的价值和利润空间。读者可能认为这是老生常谈，企业必须销售"解决方案"而不是"产品"，但只有当你的解决方案能够真正为企业增加价值时，你才符合了这句话的要求。SSAB 主动承担风险，与客户一起投资研发，形成客户或合作伙伴联盟，并使用特殊的高强度、低重量的钢材制造产品原型。SSAB 制造的一辆卡车的最大负重可以达到原来的几乎 2 倍，并且使用更少的燃料。其结果是，客户发现并非所有钢材都"生而平等"，来自 SSAB 的钢材可以提高生产力，同时节省能源成本。

毫不奇怪，当你的产品比竞争对手提供的任何其他产品都能更好地解决客户问题时，客户就会心甘情愿地为其支付更多金钱。

第二名总是更迫切

"我们经常发现，最愿意与我们合作并进行创新的，往往是那些急于成为第一的二线或三线企业，"SSAB 前首席执行官奥洛夫·法桑德（Olof Faxander）说，"任何行业的第二或第三名玩家几乎都比市场领头羊更饥饿。"

他警告说："这一现象应该成为骄傲自满的人的教训。"尽管面临激烈的国内和国际竞争，SSAB 的战略已经帮助其实现了市场份额的大幅增长和收入的提高。该企业没有步其他商品企业的后尘，在经济低迷时期受到伤害，时至今日，其利润率处于行业领先水平。

与众不同，否则就从市场上消失

皮革产品是什么情况？皮革可不是什么热门的、高科技的、差异化的产品，但是，当一家墨西哥企业改变了其看待业务以及为客户提供服务的方式时，该企业成了一家非常成功的制造商。

"我们曾经生产日用皮革产品，"创立于墨西哥中部的企业——Cuadra（墨西哥皮革产品企业）的联合创始人赫克托·夸德拉（Hector Cuadra）说。但是，当又一次金融危机使比索再次贬值时，如经济市场一样，许多企业的业务一落千丈。

与此同时，中国和印度出现了许多新的低成本竞争对手，因此墨西哥失去了其在低成本劳动力方面的天然优势。夸德拉兄弟赫克托和弗朗西斯科（Francisco Cuadra）决定，情势已经不允许他们继续停留在商品业务中。为了生存或发展，他们必须改变。

问题在于，仅靠价格是无法打败亚洲国家的企业的。"我们意识到，唯一的取胜之道是以全新的方式为皮革制品增加价值，使其与众不同，"赫克托说。他们之前已经开始专业生产具有异国风情的皮制品，但这样做还不够。

1991年，夸德拉兄弟开始立足于优质工艺并展开与他们的竞争者们的竞争。他们通过效仿欧洲和美国最高档的精品店出售的最好的靴子来开展业务，制作出非常时尚、迷人的手工皮靴。

在这个过程中，他们努力创造一个新的使命，就像几十年前的日本制造商一样，他们必须"改变当标签上写着'墨西哥制造'时客户心中预设的质量印象"。夸德拉兄弟对质量精益求精，他们必须说服鞋子的买家，他们能够保证交付高品质产品，并证明他们拥

有最好的皮革设计师和工匠。这一切并非易事。

如果夸德拉兄弟能够保证交付高品质产品，那么他们就有机会在高端市场用价格击败欧洲和其他全球各地的竞争对手。

经过几年的努力，这一战略最终取得了辉煌的成绩，并使 Cuadra 跻身于全球皮革顶级企业的行列。如今，好莱坞的明星会穿着 Cuadra 靴子参加奥斯卡颁奖典礼。而 Cuadra 总部所在的位于墨西哥中部的历史社区瓜纳华托（Guanajuato），已经成为现代世界最庞大和最时尚的制鞋中心之一。

➫ 创新的 4 个小秘诀

在产品质量和创新方面，夸德拉兄弟和其他人必须学习 4 条基本经验，才能取得巨大的成功。我们称这些经验为"独特的小秘密"，因为不同于传统认知。

（1）不要追随领头羊。Cuadra 通过反复试错发现，时尚瞬息万变，日新月异，简单地用制造仿冒意大利最好设计师的产品来压低成本，这一方法根本行不通。Cuadra 必须拥有自己的设计，才能赋予其产品独特的个性并吸引最富有的客户。

"当然，设计自己的产品是有风险的，"赫克托说，"但不这样做风险更大。产品必须要有自己的个性，如果只是复制领头羊的

产品，企业就是将定价、营销和分销方面的主动权交付他人。你可以跟着领头羊走，而它会把你带到悬崖边上！企业必须用自己的设计来取得突破，为客户服务。"

（2）创造限量款。较低端的日常产品，无论是工作鞋还是五金商店或超市里的商品，都需要有库存并被摆在货架上，否则就无法进行销售。但一些高端产品可以从稀缺性和较低的产量中大为受益，以保持高利润。无论是限量手表、信用卡，还是头等舱座位，客户都不甘愿认为人人都可以拥有，客户也愿意为稀有和独家限量产品支付更多费用。

世界上最成功的小众玩具企业之一是 Amerian Girl（美国玩具企业，主要面向女孩），该企业曾为其母公司美泰公司（Mattel）贡献了 4.63 亿美元的销售额。该企业采用战略性"激怒"客户的方法，故意将定价达 100 美元的娃娃从市场上撤下一段时间，以增加这批娃娃的价值。全新的"停产"娃娃在亚马逊和 eBay 上售价被炒到 249 美元。

饥饿营销的诀窍即为要精准把握质量和价值对客户意味着什么。这一答案在不断变化，企业也必须随之变化。这需要勇气，也需要在做对之前不惧犯错。企业的整体目标应该包含调整产品或服务，使其准确适合特定的客户群。产品和服务必须符合客户的喜好和格调。

（3）保持与客户的持续联系。赫克托开设零售店是为了产生销售额，但兄弟俩发现此举也让他们能够更密切地掌握客户的各种偏好和奇思妙想。销售情况会每分钟更新，他们可以清楚了解哪些鞋子卖得好，为什么卖得好。他们还可以体验到客户对哪些时装感兴趣或无感。为了降低成本，他们需要对某一款设计迅速做出判断。虽然开设零售店为企业带来额外的风险，但零售店也贡献了业务收入，并且成为一个特别的"学习实验室"。幸运的是，这些零售店的利润率相当高。

Cuadra 已经成为世界上发展最快、最成功的靴子制造商之一。然而，令人意想不到的是，Cuadra 在全球市场上建立起大赢家地位之前，经历了多次设计实验的失败。

（4）测试带你从优秀到卓越。你认为需要多少次失败才能造就一个赢家？成功的概率大概有四分之一？还是一半的人都会失败？其实，情况比想象得更糟。为了取得成功，赫克托发现，1000种产品中只有100种能出现在零售店里，展现在客户面前。对于一家创新企业来说，这个数字未免残酷——十分之一的概率！但这种成功与失败的比例使Cuadra在其利基市场❶中从优秀发展至占据

---

❶ 指企业选定一个很小的产品或服务领域，集中力量进入并成为领先者，从当地市场到全国再到全球，同时建立各种壁垒，逐渐形成持久的竞争优势。——译者注

市场顶峰。

为什么小企业能击败大企业

如果能打中三分之一的投球，你能成为职业击球手吗？在棒球场上可以，你可以在大联盟赛上打球。在商业世界，答案则是否定的。在开发新产品、服务或新的销售方式时，你的老板会容忍3次尝试中的2次失败吗？一般情况下答案是否定的。

你知道有多少企业会真正容忍这么多失败吗？为了最终获得巨大成功，你个人是否愿意冒90%的失败风险？

这就是为什么小型初创企业和企业家常常能击败大企业。这就是为什么大多数改变游戏规则的产品或服务来自大企业之外。从现实出发，小企业本不应该有机会与资金雄厚的大企业竞争，但事实是每天都有小企业在商战中获胜。大企业拥有更多的资金、人员等资源、影响力，以及更大的品牌、更好的分销渠道、更大的市场份额，以及与之相匹配的声誉。但是，大企业更倾向于稳扎稳打，以避免企业前途的终结和破产。大企业往往逃避实验。

每个人都喜欢谈论创新，创新是商业中最吸引人的话题之一，但创新所需要的勇气远大于大多数人所意识到的那样。大多数企业无法容忍或支持失败。

　　杰克·韦尔奇在通用电气任职期间，他手下的一个团队发明了长寿灯泡。尽管如今该产品取得了巨大的成功，最初，长寿灯泡在市场上失败了，原因在于长寿灯泡的问世为时过早。韦尔奇当时是不是气得把所有人都解聘了？不，他开了一个派对，在派对上他向该团队发放免费的小礼物，并给表现最好的人安排了最好的新任务。这一次尝试虽败犹荣。

　　对于领导者，最重要的问题应该是，你是否愿意不惜一切代价来给客户交出一个伟大的产品？你是否有勇气支持团队进行多种实验，而其中许多实验可能会失败？当事情没有按计划进展时，你如何对待员工？当员工摇摆不定、错失良机时，你会羞辱他们还是尊重他们？这些员工会面临被解聘还是被提拔的命运？

　　当你是弱者时，你别无选择，只能冒险。作为一个企业家，当除了放手一搏而没有其他选择时，风险就在眼前。若不想面对失败，就必然要承担更多的风险。矛盾的是，此时企业必须更频繁地经历失败。事实上，越是尽可能多地进行尝试，企业前途反而更安全，因为这样企业才更有可能在尝试中为客户找到正确的答案。

　　"卓越的企业要承担风险，但他们不只是承担任何风险。企业所承担的风险必须立足于能够代表客户利益。企业唯一的使命就是让客户成功。"SSAB 前首席执行官法桑德如此说道。虽然价格永远是重要的，但如果产品能够帮助客户取得巨大成功或让客户感觉良好，即使是钢铁生产商也能收取比竞争对手更高的费用并获得更大的利润率。

📎 影响客户期望的 4 个产品因素

产品或服务都有 4 个因素决定其客户满意度。

（1）一般（或基础）产品。这个因素的定义很简单，就是企业销售的东西和客户能从企业处买到的东西。比如客户走进一家汽车经销店，购买了一辆汽车，或者客户从企业那里购买了一台新电脑或新服务器，客户去商店买一件衣服等。这些都是直接和简单的客户活动，清晰易懂。

（2）期望产品。在这个领域，客户服务开始变得复杂。预期产品是不成文的，它不会出现在产品的宣传手册或销售资料中。但如果企业不能实现这些不成文的客户期望，就会引起客户的不满，甚至会完全失去客户。

关于期望值在决定人们态度和行为方面的作用，科学界已有几十年的研究。人们大多数负面情绪似乎都是由于期望没有实现而引发。人们期望某事发生或期望有所收获，却经历失望。

几乎每个人都有这样的经历：去餐厅吃饭，入座后等了 15 分钟才有服务员来提供服务。虽然很少有书面规则规定服务员必须

在顾客入座后迅速来提供服务，但顾客肯定期望得到及时和友好的服务。

想象自己在一家昂贵的餐厅点餐，服务员点完餐后，再次回来时，你的晚餐被漂亮地摆在盘子里，但随后"砰"的一声，他把盘子丢在你面前，不发一语就走开了，此时你会有什么样的感受？

重点在于，每个客户都有一定的期望，有声的和无声的，有意识的和无意识的，你必须清楚这些期望，并且在每一次与客户的互动中满足这些期望。人们期望在两三声铃响后就会有人接听电话，人们期望打交道的企业人员表现礼貌、友好且反应迅速，人们期望商业机构环境整洁、有序且布局合理。人们期望很多事情，包括合理的和不合理的，而他们的满意程度主要取决于这些期望是否得到满足。领导者必须清楚客户的期望是什么，并力争每次都能满足客户的这些期望。

（3）增强产品。客户服务的这一因素是指企业可以采取的额外行动，或可以提供的超越预期的服务。这些服务和行动是额外的，是超出客户预期的。

只有在能够创建增强产品或服务的领域，企业才能在客户服务方面获得有意义的竞争优势。这类领域也是打造卓越企业最重要的创新领域之一。企业必须不断地寻找一些小方法、小诀窍来改善客户体验，这些方法应该是能够让客户喜出望外的。

困难点和矛盾点出现了：一旦企业增强了一个产品，并提供了超出客户期望的服务，该产品很快会成为期望产品的一部分。当客户期望得到增强产品，而企业未能持续和可靠地交付，那么将引发客户的负面反应。

不仅如此，如果企业想出一个创新的方法，通过增强产品来提高客户满意度，竞争对手会很快注意到并加以复制。这种有关增强产品的创新只会在短时间内给企业带来优势。

（4）潜在产品。潜在产品只受限于想象力。潜在产品是指企业可以做的任何能让客户感受更为愉悦的东西。企业要做的是不断地想出林林总总的办法，目标就是让客户更加满意，这将使企业至少在一段时间内从竞争中脱颖而出。再次需要强调的是，这是一个不断变化的目标，企业永远不能松懈或放松。

无忧享用

卓越的产品或服务所具备的最重要的，且可用于自证高价有理的属性之一，是无忧享用。在我们身处的高度复杂的社会中，有诸多产品或服务可能会出现问题，企业对客户无忧享用的保证和保障，可以有效增加产品或服务的感知价值。

企业通过让客户可以方便地购买产品或服务，或通过为客户

提供担保、小额首付、低利率贷款、延迟收费等其他选择，让客户产生其成本降低的感觉，就可以在条款和条件并不那么理想的情况下，比竞争对手收取更多费用并销售更多产品。

男装品牌 Men's Wearhouse（美国男装连锁零售商）的创始人乔治·齐默（George Zimmer）有一句著名的广告语："我可以保证。"当我们问他是怎么想出来这句广告语时，他的回答是，这是商业最基本的原则。取悦客户的最基本原则即为客户消除销售中的所有风险。

向不满意的客户提供退款的做法与销售本身一样具有悠久的历史。大多数高端服务企业都效仿诺德斯特龙（Nord Strom，美国高档连锁百货店企业）的做法，提供无条件退款保证。诺德斯特龙主要面向高端消费者销售昂贵的产品，其产品很少打折或降价。但这家企业为客户提供了全面的满意度保证。客户可以随时退回在任何地方的诺德斯特龙分店购买的任何产品，并获得全额退款，全无条件。

📩 征求客户反馈

贝恩公司（Bain & Company）的弗雷德·赖克哈尔德（Fred Reichheld）在其《终极问题：创造好利润，促进真成长》（*The*

Ultimate Question：*Driving Good Profits and True Growth*）一书中提出了过去几十年来客户服务和商业成功领域最重要的一大突破。

经过多年与数千名客户和数十家企业的合作研究，赖克哈尔德发现，有一项衡量标准比任何其他单一衡量标准更能预测未来的商业成功。他称之为终极问题："你会向你的朋友推荐这家公司吗？"

这个问题简单而强大，它应该成为所有营销、销售和客户关系的组织原则。请定期询问客户，最好在每次互动后都询问如下问题："请您根据您在我们这里的体验，以1~10为标准，您会有多愿意向其他人推荐我们？"

然后，无论收到什么分数，如果低于10分，请立即跟进询问："要想让您打10分，我们还需要做些什么？"

好消息是，许多客户通常会准确地回答，他们认为你需要知道什么才能获得更高的分数。如果企业能够按照客户的意见去改进，然后回馈给客户，向客户报告你已经根据他们的建议做出改变，客户会既高兴又惊讶，会主动成为你的宣传者。客户会把你们之间的谈话和你对意见的反馈转述给其他人。这样，其他人心中也会产生一种愿望，即希望通过与同样的企业打交道和购买同样的产品或服务来获得同样的体验。

赖克哈尔德的研究展示了企业该如何开发他所谓的净推荐值（Net Promoter Score，简称NPS）。净推荐值的计算方法是，给企业

评分为 9~10 的客户（推荐者）所占总百分比减去评分为 1~6 的客户（贬损者）所占的总百分比。大多数企业发现自己最初的净推荐值很低，但企业还发现，通过不断询问客户如何提高对其的评分，然后根据这些建议采取行动，企业的净推荐值会越来越高。

随着企业的净推荐值的增加，其销售额、盈利能力和回头客业务也会增加。每个行业领域中最成功和最赚钱的企业恰恰就是那些拥有最高净推荐值的企业。

因此，企业应不断向最近有过互动的客户询问他们对产品或服务的评价反馈，然后实施客户的建议并向客户汇报。这样，企业获得的成绩就会越来越好，达成目标的速度会越来越快，并会很快触发"这是一款卓越的产品"这一客户反应。

前馈而不是反馈

大多数客户并不想批评你或贬低企业的产品或服务，客户不想发生正面冲突。此时，企业可以采用一个更好的方法来构建询问：请客户告诉你，可以如何"在未来"为他们改进产品或服务。这样做，可以让客户从正面冲突中解脱出来，他们可以切实为企业提供建议，从而让企业针对建议积极改进，让他们"下次"更满意。虽然过去已成定局，但是你可以改变下次可以做的事情。

许多企业和从业者不愿意问出这些问题，他们对可能获得的答案感到不安。因此，他们更愿意猜测客户满意或不满意的程度，而得出的结论往往是错误的。

那些最好的企业，那些从底层起步并上升到市场顶端的企业，会不断地以各种可能的方式向客户征求前馈意见。他们给客户打电话、寻访客户、召集客户组成焦点小组 ❶ 进行讨论、让客户填写问卷或卡片等，并不断寻求客户的意见和想法，以在未来改进产品和服务。

我们还应该注意到这一点：客户往往不会有意识地了解企业为改善产品或服务所需要做的所有事情。其中一个原因是，产品很少会因为其拥有的某一项功能或优势，能立即创造出客户的愉悦体验。企业需要做的事情还有很多。

这就是为什么企业要做的不只是调查，而是应该真正与客户建立一个持续的对话，这一点非常重要。多年来，百事可乐和 Prego（新西兰比萨餐饮企业）等知名品牌企业会询问消费者研究专家霍华德·莫斯科维茨（Howard Moskowitz）哪种口味是"最好的"，或者哪"一件事"会让顾客兴奋。这位专家以预测民众品味而闻名，

---

❶ 指就某一产品、服务、概念、广告和设计，通过询问和面谈的方式采访一个群体以获取其观点和评价。—— 译者注

上到总统候选人的品味偏好，下到牙膏口味，都是他预测的范围。

然而，求教者经常会失望地听到莫斯科维茨坚持说："没有哪一种东西是适合客户的。如果你认为有一个放之四海而皆准的解决方案，我要告诉你，其实是没有的。"他说，"没有一款'最佳'产品适合所有人，只有适合特定的客户群体的最佳产品。"

企业因为希望得到一个肯定的答案，因此会对他的这一番言论感到震惊或不安。但莫斯科维茨告诉这些企业的道理改变了零售业。曾经，货架上只有一种芥末酱或漱口水，而因为莫斯科维茨的研究，现在客户最喜欢的每种品牌几乎都有十几种"最受欢迎"的口味。可口可乐或百事可乐的口味都不止一种，多达几十种。

 意大利面条酱的启示

作家马尔科姆·格拉德威尔（Malcolm Gladwell）是莫斯科维茨的忠实崇拜者，他经常谈到莫斯科维茨对 Prego 的意大利面酱的顿悟。

经过深入的消费者测试，结果显示意大利面酱消费者至少有3种主要的偏好：原味、辣味和大块。消费者几乎不可能在调查中告诉你他们只想要一种口味的意大利面酱，也几乎不可能想出"大块"一词。但消费者确实有这3种偏好，莫斯科维茨直到目睹消费

者在自己的厨房里制作几十种不同的家庭版意大利面，才有了这番认识。

"如果你问别人喜欢什么咖啡，大多数人会对你撒谎。"格拉德威尔曾这样思索过。他们会说他们想要浓郁的、原味冲煮咖啡。莫斯科维茨知道，只有不到四分之一的人喜欢浓郁的咖啡口味。绝大多数人喝的星巴克咖啡口味是甜味、淡味、奶味，选择的是摩卡或密斯朵（misto）。人们往往不会在调查中说出真相，因为他们认为这么回答不酷或不符合大众潮流。但在你观察客户使用产品之前，你不会知道真相。

加入客户的研发部门

要弄清楚什么产品会卖得最好，最简单的方法是成为客户研发部门的内部人员。无论是制造跑车、意大利面酱还是钢铁，都要下决心发展某种"客户亲密度"，使你能够深入了解客户的需求和喜好。什么产品或服务会使你的客户满意？这是提高产品质量和差异化，从而提高企业盈利能力的关键。

问问客户他们会重复购买什么，为什么，然后出去看看什么对客户来说是真正发挥作用的。走进厨房，与客户一起测试尽可能多的新菜谱，直到找到那个正确的答案。领导者应致力于让自己

和组织中的每个人比其他任何人都更了解客户，这样企业就不会成为只会从价格上做出区分的企业。

客户真正想要和需要什么？在每一次与客户的互动中，企业能做些什么来触发想听到的回应："这是一款卓越的产品""这是一项卓越的服务"或"这是一家卓越的企业"。

不管需要做什么，企业都要全心全意地去做，每一次都要和客户肩并肩地去做。当做到这一点时，企业将销售更多产品、成长更为迅速并能够获得超越以往的利润。

第四章　提供优秀的产品或服务
调查问卷

1. 你的最受欢迎和利润率最高的产品或服务为客户提供的最重要的价值或好处是什么?

    a._____

    b._____

    c._____

2. 与竞争对手相比,你可以立即采取哪些措施来提高质量排名?

    a._____

    b._____

    c._____

3. 你如何使企业的创新成为可能 —— 包括支持那些实验失败的负责人?

    a._____

    b._____

    c._____

4. 你的产品或服务在哪3个重要方面丰富和改善了客户的工作或生活?

a.＿＿＿＿＿＿＿＿＿＿＿＿＿＿＿＿＿＿＿＿＿＿＿

b.＿＿＿＿＿＿＿＿＿＿＿＿＿＿＿＿＿＿＿＿＿＿＿

c.＿＿＿＿＿＿＿＿＿＿＿＿＿＿＿＿＿＿＿＿＿＿＿

5. 如果你拥有无限的资源,你要做哪3件事才能成为客户眼中的行业内的卓越企业?

a.＿＿＿＿＿＿＿＿＿＿＿＿＿＿＿＿＿＿＿＿＿＿＿

b.＿＿＿＿＿＿＿＿＿＿＿＿＿＿＿＿＿＿＿＿＿＿＿

c.＿＿＿＿＿＿＿＿＿＿＿＿＿＿＿＿＿＿＿＿＿＿＿

6. 你的团队可以做哪3件事来成为客户研发项目的内部人员?

a.＿＿＿＿＿＿＿＿＿＿＿＿＿＿＿＿＿＿＿＿＿＿＿

b.＿＿＿＿＿＿＿＿＿＿＿＿＿＿＿＿＿＿＿＿＿＿＿

c.＿＿＿＿＿＿＿＿＿＿＿＿＿＿＿＿＿＿＿＿＿＿＿

7. 你应该放弃或淘汰哪些产品或服务,因为你永远不可能在这些领域做到最好?

a.＿＿＿＿＿＿＿＿＿＿＿＿＿＿＿＿＿＿＿＿＿＿＿

b.＿＿＿＿＿＿＿＿＿＿＿＿＿＿＿＿＿＿＿＿＿＿＿

c.＿＿＿＿＿＿＿＿＿＿＿＿＿＿＿＿＿＿＿＿＿＿＿

从创业到卓越
NOW, BUILD A GREAT BUSINESS!

根据对前面 7 个问题的回答，你准备立即采取哪一项行动？

_____

_____

_____

第五章

设计卓越的营销计划

存在于人类体内的力量本质上是全新的，除了自己，没有人知道一个人能做什么，而直到这个人尝试过，他自己才知道。

—— 爱默生

美国思想家、文学家、诗人

彼得·德鲁克有句名言，"企业的目的就是创造和维系客户。"

营销是一门客户参与的艺术和科学，营销是确定当前和未来的客户认为自己真正想要的、需要的、可以使用和有能力为其付款的东西，然后企业通过创造和构建产品和服务来帮助客户获得这些东西并感到满意，并激励客户将企业的使命作为自己的使命。

如果你花时间思考本章中的问题的答案，你将磨炼自己的营销技巧，吸引更多的客户，并完成更多的销售任务。

🔗 重大的问题

以下的一连串问句包含了你必须仔细思考和准确回答的关键问题，并且，你应随着市场条件的变化反复探讨这些问题：

企业到底要销售什么？销售给谁？由谁来销售？如何销售？如何付款？如何生产产品或服务？如何交付给客户？以及提供怎样的售后服务以确保有回头客？

大多数新产品营销的想法之所以失败，就是因为其中一个问题没有得到充分或准确的回答。

🔗 营销计划的 4 个关键战略问题

有4个有关营销计划的关键的战略问题，领导者必须尽可能地反复思考，以测试每种产品或服务的理念成功与否。

（1）是否真的有市场？是否有客户会真正购买你的产品或服务？也许其他企业不提供此类产品是有充分理由的。为了找到答案，卓越的企业会同时尝试几种略有不同的产品，看看哪种最适合客户，这些企业会在新产品身上测试各种价位、各类型的包装甚至不同的产品名称。

而真正的测试是市场测试。只有真正的客户才能给出准确的

答案——产品在市场上是否大获成功，就是测试的结果。企业应该做的是，用原型、模型、书面描述或图片在市场上测试自己全新的产品或服务，企业可以出售产品或干脆把产品赠送给客户试用，并观察客户的反应。

企业无论选择哪项行动，都要以获得即时反馈为目标。不要羞怯，盯准那些一旦产品上市就会购买的客户，从他们那里获得反馈。在大多数情况下，企业最初的产品或服务理念都会存在某些方面的缺陷。但是，通过客户评论或投诉对其进行完善，企业完全有可能开发出一种全新的产品或服务，并成为市场领导者。

此外，企业应该始终有这样一种预设，即竞争对手也正在急切地将类似的产品或服务推向市场，因此，企业要培养立即付诸行动的习惯，避免因过度分析而造成瘫痪❶，要为自己时刻灌输紧迫感。

（2）市场是否大到值得追求？也许市场是存在的，但市场规模是否足够庞大，足以证明企业开发产品或服务并将其推向市场所耗费的一切时间、努力和费用是合理的？企业能否销售出足够多的产品或服务，使企业能产生经济效益？许多产品或服务的市场都非常明确，但规模太小，从经济效益来看不值得企业追求。投入资源

---

❶ 指个人或团体因为过度分析或是过度思考而导致行动或决策变缓，甚至无法做出行动或决定。——译者注

进行翔实的行业内市场研究，对于帮助企业做出正确的决策弥足珍贵。

（3）市场是否足够集中？假设产品在市场上有需求，而且需求量也足够大，企业是否拥有一套宣传推广的策略，能够以让投入的成本具有效益的方式面向市场销售该产品？

在《长尾理论：为什么商业的未来是小众市场》（ *The Long Tail: Why the Future of Business Is Selling Less of More* ）一书中，作者克里斯·安德森（Chris Anderson）认为，当市场上几大主要竞争企业竞相销售畅销书籍和电影时，那些大热门产品的利润率就会受到冲击。畅销电影和书籍的价格往往会被大型零售商压到很低，然后迅速退出流行。相比之下，高度专业化的产品则以较小的数量保持流行，并由更专业的零售商以更高的利润率出售。安德森对精明的营销人员提出建议：不要去追求那些尽人皆知的畅销品，而应该去追求那些全世界范围内拥有更为狭窄、更为专业的客户群体的小众产品。

在线服务为企业接触到小众群体带来了前所未有的方便和经济的方式。然而与此同时，市场进入成本变得更低，这意味着市场上将出现更多的零售商从电子商务的各个方面争夺消费者的注意力，这使企业更难在长尾效应中获利。

（4）谁是你争夺同一笔客户财富的竞争对手？当企业家们认为

自己没有竞争时，我们总是对此持怀疑态度。在风险投资人会议现场，我们常常听到企业家们夸赞自己的产品或服务理念是如何独一无二、不可复制，因此他们拥有无限的市场，这一现象非常显著。企业的产品可能会真的没有竞争——因为这些产品没有真正的市场！

即使产品没有（或还没有）出现在市场上，也总会有竞争者来和企业争夺客户，这才是领导者应该具有的思路。请记住，绝大多数新产品或服务的失败不外乎如下几个原因：没有市场；市场不够大；市场不够集中，企业无法以让成本具有效益的方式进入市场；竞争对手的产品在某些方面比你的产品更具优势。

我们并非提倡不创造全新的产品，而是企业需确定，消费者认为该新产品更好。届时，新的市场就会被开拓出来，现有产品的市场将变得脆弱。

适销对路的产品和服务的 5 个属性

（1）比竞品更易于使用、更能给客户以方便。许多产品和服务销售不畅，是因为客户购买或使用它们实在太困难了。人们的生活忙忙碌碌、心不在焉，所以方便性对客户来说非常重要。亚马逊已经从最大的网上书店之一发展成为世界上最大的零售商之一，因为它仍然是人们最容易买到想要的各种各样东西的地方之一。亚马

逊发明了一键购物 —— 消费者只需点击一下按钮即可从其网站上购买多种不同产品。客户可以全天候无忧地查找和购买各式产品，并有机会享受免费送货和退货保证。

企业如何让产品或服务比竞争对手的更易使用、省事、令人愉悦？只要能够在某一领域实现某一项创新，就可以让企业比竞争对手更具优势。

（2）以与竞争对手相同（或相当）的价格提供具有更多优势和更高质量的产品或服务。为产品或服务提供更多的功能或优势，可以让产品或服务对客户更有帮助，或让客户感觉更易用。你的产品或服务可能定价更高，但客户心甘情愿为高质量或特别体验支付高价，因为这样的产品或服务能够抵消那些低质量产品或服务带来的诸多不方便或不适之处。

即使折扣经纪商之间的竞争如此激烈，嘉信理财集团也很少收取最低价格，而是强调高感触和高技术服务❶。沃尔玛和家得宝（The Home Depot）不一定是客户住家附近最便宜的商店，但它们凭借相对低廉的价格、广泛的产品选择和一流的服务，赢得了良好的声誉。

---

❶ 此处作者指的是嘉信理财集团注重客户的服务体验，力求更人性化、更贴近客户生活的服务。—— 译者注

除了星巴克、TULLY'S COFFEE（日本咖啡店）和 Peet's Coffee & Tea（美国咖啡店），人们总可以找到更便宜的店买到一杯爪哇咖啡。但这几家咖啡巨头总是能够为客户带来更加愉悦的体验，以至于顾客心甘情愿消费比在其他咖啡店消费的更多的钱来享受。类似于星巴克的消费场所，除了提供咖啡，其店内的氛围还能吸引客户小坐休憩，享受更多的咖啡，也可以带更多的朋友和商业伙伴来此小聚，特别是星巴克门店现在提供免费的无线网络，让客户可以方便上网。即使世界上有无数的咖啡店，但在星巴克出现之前，没有哪家企业能够成功地创造出如星巴克这样的品牌，能为客户提供可预测的、一致的体验。

（3）服务比竞品更便宜。通过采用更高效的制造手段、利用规模经济、外包产品至低成本地区、寻找更好的分销渠道或将产品精简至只保留其精华部分等方法，企业可以降低一款有明显需求的产品的价格。

企业采取基于价格的战略，可能会面临的挑战是，一些强劲的竞争对手往往愿意定价更低，尤其是当这些竞争对手急于争取市场份额的时候。归根结底，产品或服务必须能够为客户增加更多价值，如果企业能做到这一点，低价营销也能长期发挥作用。

（4）品牌比竞争对手更能激发深层信任。客户会根据许多指标衡量自己的体验质量，但他们特别会比较的是，企业提供的产品与他们脑海中关于该品牌的声誉形象是否相符。考虑品牌是定义客户心中的"声誉"的另一种方式。因此,建立品牌需要很长时间。如今,像20世纪90年代互联网公司所尝试的那样,在超级碗比赛(美国影响力较大的橄榄球比赛)中场投放一个广告,这种营销方法已经无法真正创建一个品牌了。一个企业(或一个人)需要多年时间来树立声誉,而且声誉可能毁于一旦。

品牌不应该随性、偶然地发展。品牌必须在企业所做的每一件事和与客户的每一次互动中,通过精心设计,仔细、有目的地发展。

企业应该明确定义自己的品牌。今天,你的品牌是什么?请从多个角度探索自身品牌。客户会用什么词语来向非客户描述你的业务?人们在谈论你的企业或是产品或服务时,使用哪些词语和描述会特别贴切和恰当?每一天,你可以采取哪些行动,以确保当客户想到你时,脑海中会立即出现最积极的词语和画面?当你要求客户信任并购买产品和服务时,会做出哪些承诺?客户购买产品后,你应当遵守哪些承诺?尤其是,你是否足够善待客户,以至于客户心甘情愿地把你推荐给其他人?

(5)比现有产品更能满足客户的需求。也就是说,你的产品比其他任何产品都更能有效地满足客户的需求。在手机、电子邮件、即时通信或搜索引擎被发明之前,很少有消费者会想象,甚至要求生活在一个有手机、电子邮件、即时通信或搜索引擎的世界。但是,当这些新产品一一问世时，每一个产品都扩大了现有市场。这些产品解决了我们的诸多渴望：实现了即时满足、方便使用和与人交流的功能，它们给予了我们一种更大的社区归属感，让我们可以与志趣相投的陌生人建立联系。

这就是为什么网络媒体、在线游戏和移动设备上的应用程序一直不断持续地从传统电视媒体市场抢走巨大的观众份额。我们天生就是社会性的动物，我们喜欢有互动性的娱乐活动，个人通信工具触动了人类最基本的需求之一，它们已经变得不可或缺。

 人们为什么购买

人们购买产品和服务是为了满足某种需求或欲望。人们购买产品或服务是为了以某种方式改善当前状况，以达到比没有该产品或服务时更大的满足感或认可感。

（1）人们购买的是福利，而不是产品。产品或服务为客户提供了哪些具体的福利？

（2）人们购买的是能解决问题的方法。产品或服务能为客户解决什么问题？

（3）人们购买是为了节省时间或金钱，或为了获得金钱、时间或赞誉。产品或服务如何为客户增加时间、金钱或影响力？

（4）人们购买的是预期在拥有或使用产品或服务后所享受的感觉。

产品或服务能满足客户的哪些情感方面的需求？当客户使用和享受产品或服务时，他们会有什么感受？客户是否能够拥有更大的地位感、安全感或幸福感？

人们购买东西的基本动机是渴望得到什么或害怕失去什么，产品或服务该如何满足这两大动机？越是基本的需求（如饮食、安全、健康），营销方式就越应简单和直接。当你在高速公路上开车时，可能会看到一个标志牌，上面写着"饿了？前方有吃的。"面对基本需求，这句广告语简短有力。越是间接的需求（如珠宝、化妆品），营销方法就越应巧妙。史上最成功的香水广告之一是香奈儿五号（Chanel No.5）香水的广告。广告中，法国女演员凯瑟琳·德纳芙（Catherine Deneuve）微笑着，仿佛在说："香奈儿五号，你值得拥有。"这则广告拨动了人们微妙的情感需求，使香奈儿五号香水成为世界上最受欢迎的香水之一。

（5）人们购买的是一种归属感。客户希望成为某个社区的一分子，可以在那个社区中被认可和接纳，并能感觉到自己可以产生影响。也许21世纪初营销战略的最大突破之一是人们认识到，社区因可以通过让客户彼此参与和分享关于产品或服务的知识和兴趣，而在促进企业营销计划（和产品创新）方面发挥重要作用。

 **用户生成内容**

请思考：吸引观众点击观看谷歌付费广告的所有"内容"，均来自用户生成的数十亿个网页。当用户搜索自己想要的内容时，谷歌会适时提供广告。诸如 Facebook 等企业正通过极大地扩展消费者之间的交流功能，将这一推送广告趋势推向一个新的高度。Facebook 用户已经创建了 5 亿多个页面，每天有超过 2 亿名用户登录 Facebook，彼此发送信息并创建各类小组，可能正在吸引有类似购物兴趣的其他用户。

Facebook 这一在线客户社区不仅仅贡献着诸多内容，实际上，Facebook 社区用户还正在积极营销这些社交媒体服务，他们采用的是和一般消费者一样的强有力的、病毒式营销方法 —— 通过好友推荐。Facebook 用户正在不断鼓励自己数以百万计的同事和朋友创建账户。

这一趋势是如此强大，以至于许多企业正拿出相当比例的营销预算（这一比例还在不断增加），将部分营销外包给客户社区。以网飞（Netflix）为例，这家提供光盘邮购出租和在线视频服务的企业，如今正在大幅蚕食传统光盘租赁行业的市场份额。自推出光盘租赁服务以来，网飞已经租出数十亿张 DVD，并成功推出在线流媒体播放。其创始人里德·哈斯廷斯（Wilmot Reed Hastings Jr.）

设立了网飞奖（Netflix Prize），该奖奖金为100万美元，旨在颁给能够将网飞向客户推荐新电影的功能的准确率提高10%的个人或团队。正如亚马逊因在客户每次购物时自动推荐类似的书或产品而闻名，网飞希望能够根据用户过去的选择，更好地预测用户会租赁和购买哪些电影，从而达到增加业务流量的目的。通过为客户提供好的推荐，网飞可以有效建立客户忠诚度，并大大提高销售收入。

网飞奖动用了数百万美元来进行宣传，吸引了5万多名参与者，在3年的时间里，用户争先恐后地寻找解决方案。智能推荐是网飞为客户提供服务的核心。通过让客户参与其研发工作，网飞按照客户喜欢的方式改进产品和服务。同时，企业将数以千计的客户和潜在客户变成了其营销和销售战略的热心志愿者。

如何将客户变成推广者

如何鼓励客户参与并为企业的营销和产品开发做出更多贡献？如何为客户提供一个互相交流的场所，并让他们分享对市场的想法、热情以及挑战？

营销即为深入和清晰地了解客户，并授权和鼓励客户成为你的事业或企业的宣传者。卓越的营销和优秀的兴趣社区，将被动的

旁观者转变为积极的客户和对产品的贡献者。patientslikeme（美国个性化健康类网络企业）是《快公司》（*Fast Company*）杂志评选的全球"50家最具创新力的企业"之一，它是一个在线医疗社区，患者可以在其中分享关于数千种医疗和手术的经验。在该网站上，用户可以比较笔记、推荐想法、猜测产品、获得建议和与其他患者分享治疗疑虑。该社区本身就是一台内容生产和营销机器，将相关信息传递给全世界的潜在客户。

联合利华生产多芬香皂，但也参与产品社区建设，以帮助企业营销多芬品牌产品，同时为客户增加价值。多芬大力转载和推广买家分享健康知识和护肤体验的文章，那些外科医生、皮肤科医生、超级模特和普通消费者们也自愿地在多芬的公共论坛上分享自己的美容秘诀，进而影响其他买家。

同样重要的是，所有与潜在客户关于潜在产品的对话，为测试多芬的产品和服务理念以及创造全新的产品系列构建了一个积极的"实验室"。产品社区有助于企业更好地了解某款产品是否确实存在市场，如果存在，哪些客户最适合使用该产品。

客户永远是对的

成功营销的出发点是记住客户永远是对的，哪怕这些客户可能不适合你的业务。客户有权利发表意见，他们花钱是出于自己的理由，而不是出于你的理由。他们用钱包投出自己的一票。客户可能看起来苛刻和善变，但他们做的是自己认为符合自己的目标和梦想的事情。

只要客户认为在其他地方可以得到更好的服务，他们就会毫不犹豫地更换供应商。你能否应和他们的真实欲望，满足他们的愿望和需求，并让客户称心如意，将决定你在商业上是否成功。

客户并不都有价值

百思买发现，其针对超低价产品的大规模广告活动成功地吸引了数以万计的顾客，但这也令企业十分惶恐。这些活动出了什么错吗？在消耗了数百万美元以及数年时间之后，企业意识到，在某些情况下商店增加的客户流量里，有太多是那些只购买大幅打折商品，而其他商品一概不碰的顾客。仔细研究数据后，百思买发现，一些"预热广告"的打折活动反而为企业造成损失，而且一些顾客有喜欢退货的倾向（这也导致高成本的产品售后服务工作）。

"商业中最古老的神话之一是，每个客户都是有价值的客户。即使在利用高科技进行数据收集的时代，许多企业也没有意识到一些客户其实是无利可图的，与这类客户打交道本身就是在浪费成

本。"哥伦比亚大学教授拉里·塞尔登（Larry Selden）和《财富》杂志编辑杰弗里·科尔文（Geoffrey Colvin）在合著的《天使顾客和恶魔顾客》（*Angel Customers and Demon Customers：Discover Which is Which and Turbo-Charge Your Stock*）一书中如此写道。塞尔登教授在帮助百思买和其他大企业清理客户数据时发现，有一种典型的情况是，前20%的客户几乎创造了企业所有的利润，而后20%的客户实际上在破坏企业价值。

🐦 为什么客户会在其他地方购买

若想使自身产品或服务区别于其他竞品，竞争分析是出发点。

（1）谁是竞争者？什么是竞品？换句话说，潜在客户除了从你这里购买外，还可能从谁那里购买？

（2）客户认为是什么价值导致他们从别人那里购买，而不是从你这里购买？你如何能够中和竞争对手让客户拥有的感知优势？你该如何行动才能改进产品，让潜在客户选择你的而不是别人的产品？

（3）为什么理想的潜在客户会，或应该转而使用你的产品或服务？（如果你不能在50个字以内回答这个问题，你的营销战略可能存在严重问题。）

（4）你对竞争对手有哪些关键性的假设？错误的假设是大多数营销失败的根源。你对竞争对手的假设可能是错误的吗？如果是错误的，你必须做出哪些改变，采取哪些行动？

🔗 吸取竞争者的长处

企业应遵循的最好的一大营销策略是钦佩和尊重成功的竞争对手。竞争对手做对了什么？向他们看齐，努力向他们学习。请记住，很多成功的竞争者已经犯过大量的错误，走过很多弯路，才取得成功，达到目前在市场中的地位。

企业可能犯的最大错误之一，就是批评或诋毁其成功的竞争对手。当一家企业这样做的时候，就是阻断了自己向竞争对手学习、并最终学到如何以某种方式超越对手的路。相反，企业要养成向成功竞争对手虚心学习的习惯，尊重他们为获得成功所付出的努力。通过这种方式，企业将能够在艰难的市场环境里寻求发展并超越对手的机遇。

沃尔玛创始人山姆·沃尔顿（Sam Walton）以探访竞争对手的门店、并把对手成功的零售理念记录下来和用相机拍下来而闻名。在沃尔玛创立早期，沃尔顿曾彻夜开车，然后将他的小货车停在一家生意显然不错的竞争对手的停车场，并在车里打个盹。竞争对手的商店一开门，他就会走进店内，在各大货架间走动，寻找竞争对手的各种销售创意和理念，然后带回阿肯色州本顿维尔，为自己的门店所用。正是这种向成功的竞争对手学习的意愿，让他成为市场的先锋，建立起历史上最成功的零售企业之一，即沃尔玛。

 战略营销的4个关键

将4个战略营销的关键，即专业化、差异化、市场细分和集中化——应用于业务，这一举措将决定企业的成败。

■专业化

企业必须在其提供的产品或服务中明确地实现专业化，为特定的客户提供明确、具体的利益。每一家成功的企业，都坚持在其专业领域内耕耘，并努力寻找更多想要、需要并愿意为其专门向市场推出的产品付费的客户。企业可以：

（1）专门服务于某一特定类型的客户。一开始，沃尔玛将其客户群定位为"月光族"。沃尔玛所做的一切都旨在为顾客提供优质的服务。通过专注于特定类型的客户，沃尔玛成为世界上最成功的零售企业之一。

（2）专门服务于某一特定地理市场。24小时便利店专注服务于一个特定的社区，某一地点的一家小店也是如此。有些企业专

注服务一个城市或一个州的市场，有些企业则专注服务全球或海外市场。

（3）专门提供某一特定类别的产品。蒂芙尼销售的珠宝和奢侈品主要面向的是富人社区。麦当劳销售的快餐生产成本低、定价也低，主要面向的是大众市场。麦当劳开创了一个全新的系统，专门提供性价比高、干净、便利且几乎每次都符合客户期望的口味的快餐。

（4）专门提供某一特定服务。会计事务所的会计、心理学家、按摩治疗师和美发师都属于这一类别。企业的业务可能有关于专门的某项技术，如计算机和计算机服务、音乐和乐器、化学和化学配方。

"建立自己的利基市场。问问自己对什么感兴趣，然后真正努力为自己创造利基。"商业战略家、Tractor Supply Company（美国大型农村生活方式零售店）前董事长、贝尔蒙特大学（Belmont University）斯嘉丽领导力学院（Scarlett Leadership Institute）创始人乔·斯嘉丽（Joe Scarlett）如此建议。安永会计师事务所将斯嘉丽评为美国东南地区年度企业家，《福布斯》将 Tractor Supply Company 评为"美国最佳管理公司"之一。

"举个例子，Tractor Supply Company 的业务集中在大规模农业，但当我意识到'兴趣种植'需求在市场上大幅增长时，我为自己选

择了一个使命，即成为全企业上下最懂这一领域的人。因此，瞄准自己的利基市场，在努力建立利基的过程中，你一定会收获回报。"他坚定地说。

■差异化

营销的目的是传达产品或服务的不同之处。几乎所有的商业战略最终都是营销战略，而几乎所有的营销战略最终都是将产品或服务差异化，即向潜在客户展示为什么你的产品或服务优于其他产品。

商业成功取决于你的竞争优势。竞争优势是企业所做的或提供的产品或服务的某样特质，使产品或服务在一个或多个方面优于竞争对手。彼得·德鲁克说："如果没有竞争优势，就必须发展它，否则就会被市场淘汰。"你的竞争优势是什么？

（1）你做或提供了什么，使你的产品或服务比其他企业所提供的更好？

（2）今天的优势是什么？根据目前的市场趋势，明天的优势又会是什么？如果你希望增加销售额和利润，应该获得什么样的优势？如果产品以某种方式发生改变，该优势又会相应变成什么？

（3）为什么理想客户会购买你的产品或服务？客户追求什么价值？客户在购买你的产品或服务时最想要的是什么？

（4）理想客户将如何使用你的产品或服务来提高其生活或工作

的质量?

为了在竞争激烈的市场中取得持久的成功，你需要拥有一个"独特的销售主张"。产品或服务必须至少具有一项优势，使其在满足客户需求方面占据明显的上风，这一优势是其他竞争者所不具备的。换句话说，每个产品、服务和企业都必须具备一个明确、既定的卓越领域。

确定和发展竞争优势和独特的销售主张，是企业所有营销策略和广告宣传的核心重点。在每一次促销活动中，企业都应该向客户一再强调自己可以提供其他对手所无法提供的产品。

■市场细分

在当今商业世界，所有企业的营销都是细分化的。细分化是指，找到并专注于一个特定的客户群体，这一群体能够最快、最频繁地在你这里消费，并支付你所收取的费用。

你的工作是找到确切的客户类型，这一类型的客户从你的产品或服务的卓越功能中受益最大。这类客户群体就是你的目标客户群体。

这里有一些你必须提出和回答的问题，它们能帮你准确地确定利润率最高的具体市场：

（1）究竟谁是你的客户？客户的年龄层是怎样的？教育程度是怎样的？收入程度是怎样的？客户的喜好、态度和兴趣是什么？每

位客户都具备人口统计学特征（指那些可以明显识别的因素，如年龄和性别），以及心理学特征（指很大程度决定其购买行为的恐惧感、期望、梦想、欲望和态度）。你必须从这两方面特征入手，全面、清楚地了解客户。

你还必须找到一个重要的心理因素，即最会影响客户的恐惧感，恐惧感将导致一个合格的潜在客户对购买产品或服务望而却步。潜在客户几乎总是怀有某种恐惧，有能力识别这种恐惧，并在营销过程中找到解决方案，将会为企业的营销结果带来积极的改变。

（2）你的理想客户在哪里？从地理位置角度，你可以通过邮政编码、住所、工作地点和（或）购买地点来识别客户。你还应了解客户在其组织中的位置或职务。

（3）理想客户的购买策略是什么？客户如何购买你的产品或服务？销售流程是怎样的？实体零售、邮购、在线销售、直销、上门推销、报纸广告，还是电话销售？每个客户都有自己的购买策略，该策略指的是客户购买某些特定产品或服务（其中包括你所销售的产品或服务）的方式。例如，购车者平均需要逛10家经销商，然后将选择范围缩小到3家，最后从一家购买。女性消费者购买衣服，往往会逛3家不同的商店，才能做出最终选择。因为人类是习惯性动物，要让人采用跳出习惯的购买策略，其实是很难的。

（4）什么是理想的营销渠道，可以通过该渠道把产品或服务销售给理想的客户？你的目标客户群体习惯于使用什么营销渠道来购买其他的产品或服务？

■集中化

企业必须把时间、注意力和金钱集中在向其最好的潜在客户销售更多的产品和服务上。二八定律也适用于客户集中化。一个好的经验法则是20%或更少的客户将贡献销售量的80%，20%的客户将贡献企业盈利的80%。

在集中化的过程中，企业应将其最优秀的人员和资源集中在向最好的潜在客户销售最好的产品和服务上。广告和促销活动应集中在那些能够购买最多和为企业贡献最大收入的客户身上。

营销组合 7P

我们发现，有7个不同的因素，决定了企业营销的成功。这7个因素中的任何一个变化了，都能极大地改变营销结果。

（1）产品（Product）。就改善客户的生活或工作而言，你的产品或服务究竟是什么？事实是，没有人关心你的产品或服务"是什么"，客户只关心它们"做什么"，或者它们能够帮助自己做什么。你要明确定义产品或服务将为客户的生活或工作带来的最终成果、好处或变化。

（2）价格（Price）。根据当今的市场条件，你今天收取的价格在当今市场上是否合理、具有竞争力且可以带来盈利？价格问题是一个非常敏感的问题，价格的微小变化可以导致结果的巨大变化。有时，相对于竞争对手，你的定价太高，如果想继续经营，你将别无选择，只能降价。然而许多企业发现，如果将其最受欢迎的产品的价格提高10%，虽然会失去少量的客户，却能够获得巨大的底线收益。

你还必须考虑到单一定价、批量定价、折扣定价、可变定价、向上销售、交叉销售和向下销售等策略。在动荡的市场中，企业必须不断地重新考虑价格，确保价格得到适当校准，以产生最大的销量和利润率。

（3）促销（Promotion）。在市场上，你通过哪些不同的方式来宣传和销售产品？在不同的市场上，你是否通过不同的方式、广告媒介或人来推广产品或服务？

市场上有超过20种销售产品或服务的方法。大多数企业只满足于一种或两种方法，而很少关注其他方法。有时，企业可以通过不同的营销或分销渠道提供产品或服务，可以显著提高销售额。

广告中的微小变化可能会导致对其做出响应的人数发生巨大变化。在印刷品或互联网中的广告里，简单改变一个题目或标语，就可以将响应率提高2~3倍。永远不要对广告满意，直到客户数

量超出你的服务能力为止。

企业的销售过程至关重要。许多企业拥有成功的广告，也能激发客户的兴趣，但由于其销售人员没有经过适当的培训或管理，企业无法将这些感兴趣的潜在客户转化为付款的客户。有时，销售方法的微小改变就能使销售发生巨大的变化。

（4）地点（Place）。你具体在哪里销售产品和服务？是否还有其他销售地点？

许多企业的销售地点从直销转到互联网再转到零售。零售业的许多企业正在提供完整的线上销售服务。如果遇到对方客户与自身产品非常对口的理想状态，企业之间也会寻求彼此建立合资和战略联盟的机会，并谋求彼此共享现有的客户资源，这样，两个商业伙伴都可以从利用彼此的信誉和既定关系中受益。

（5）定位（Positioning）。这是营销成功的最重要因素之一。客户如何看待你的业务和产品或服务？人们会用什么词语来描述你的企业和销售的产品？

想象一下，如果可以挥动魔杖施展魔法，挑选出客户在提到你的企业名称时会想到的具体词语，你将会选择哪些词语来帮助现有客户向其他潜在客户描述你？从今天开始，你可以做些什么，在最想影响的客户心中留下最希望留下的印象？

请记住，你的声誉 —— 被客户认识的方式 —— 是你拥有的最宝贵的资产之一。你必须先明确希望客户在与自己开展业务之前和之后会有怎样的印象，然后确保每次与客户互动都强化这一印象。

（6）包装（Packaging）。你的产品或服务的外观如何？是否有办法改变产品或服务的包装方式，使其对更多的理想客户而言更具吸引力和诱惑力？

客户都是极为注重视觉体验的生物。除非曾经试用过该产品，或来自可信赖的人的推荐，否则买方选择产品的直观方法就是根据其包装。产品名称、包装文字和外观是否符合客户的期望或愿望？通过改善包装的视觉效果，可以使产品看起来比竞争对手的产品更具价值，更受欢迎。

此外，实体设施的外观对于建立企业信誉和买方信心也至关重要。企业应确保潜在客户在现场看到的每一个元素都能传递出质量和价值的信息，并让客户建立起对企业的信任和信心。

（7）人员（People）。这可能是营销组合中最重要的一个元素。谁将执行营销策略的每个组成部分？你的员工是否展现了企业以及产品和服务的理想形象？

以客户为中心的营销

每个细节都很重要。每一次与客户的接触都在建立或者破坏

未来业务，每一次与客户的接触都在增加或降低企业可信度，每一次与客户的交流都对企业有所帮助，或有所伤害。在当今竞争异常激烈的市场中，你必须将每一位客户视为世界上最重要的人。每个与客户打交道的人都必须持有这种态度。你希望客户在业务结束后能够由衷感到愉悦，并评价："这是一家卓越的企业！"

成功的市场营销应该将客户置于所有计划和决策的中心。无论身处什么职位的人，都必须与客户保持密切联系。持续的个人联系和市场调查对持续的高客户满意度至关重要。请问，你每天和每周花多少时间与客户交谈？

从核心竞争力中获益

当企业从核心业务中获利时，营销即为成功，一切从核心竞争力入手。核心竞争力是你（作为领导者）和企业所拥有的特殊技能，使你能够拥有优质的产品和服务，并在市场上生存和发展。企业往往会犯的一个主要错误是偏离了自己的核心竞争力，开始进入并不擅长的领域。请记住，市场只会为优秀的产品和服务给予丰厚的回报。

（1）你的核心产品或服务是什么？核心产品是企业为人所知的产品或服务，是企业生产和交付的产品或服务，并且在生产和交付过程中采用的方式优于所有竞争对手。这些是企业业务的基础产

品或服务。企业必须清楚这些核心产品或服务是哪些，并在生产和营销两大方面不断改进，这一点至关重要。

（2）你的核心市场是什么？企业倾向于满足哪些客户，而且这些客户是最容易满足的？无论答案是什么，企业都需要持续关注这些核心市场中的客户，因为在这些市场上，企业比在其他地方更有可能获得更多利润。

（3）你的核心广告手段是什么？核心广告手段是单位支出为企业提供最多合格潜在客户数的方法，是企业需要在推广产品时集中投资的地方。

（4）你的核心销售方式是什么？核心销售方式是在最短的时间内为企业带来最多销售额的方式。企业必须持续改进核心销售方式和流程。

（5）谁是你的核心人员？核心人员是企业内部和外部最重要的人员，这些人员对营销和销售的成功至关重要，企业应该持续认可核心人员的努力并积极嘉奖，这一点绝对必要，核心人员是企业业务的核心。

资源组合

领导者应该把企业看作是一个资源组合，有能力生产各种产

品和服务，并把产品和服务面向各种市场上的各类客户进行销售。企业不应局限于当前的产品或服务，而是应该一直寻求开发或生产新产品。请回答如下问题：

（1）你如何能在现有的市场上销售更多的现有产品或服务？

（2）以现有资源（包括人员和技能、设备和财务结构），你还能生产哪些新产品或服务？

（3）你可以为现有产品或服务找到或开发哪些新市场？

（4）你可以通过现有的分销渠道销售哪些额外的产品或服务？请记住，分销渠道往往比产品本身更为重要。在产品和服务过时并在市场中消失后，分销渠道仍长期存在并持续存在。很多时候，根据现有分销渠道设计合适的产品和服务，是一个很好的策略，但不要反过来做。

（5）你可以为现有产品或服务开发哪些额外的分销渠道？

（6）最后，你可以通过新的分销渠道销售哪些新产品或服务？

如果能够准确而具创造性地回答以上任何一个问题，都可能改变企业的整个业务方向。

优化营销计划

营销的目的是使有意销售成为不必要。虽然这种情况极少发

生，但整个营销工作的目的是向客户展示极有说服力的论据，让客户在营销和推广的过程中不自觉地购买。企业的营销能力越有活力和创造力，其可预期的销售额就越多，其组织的盈利水平就越高。

一项卓越的营销计划能够吸引源源不断的合格的潜在客户，这些客户想要、需要企业目前或未来销售的产品，并支付得起且愿意付费。"无论企业规模大小，都不要偷懒妥协，要努力制订营销计划，并仔细思考，哪怕营销计划只有寥寥几页纸，"英国电信集团（British Telecom）战略与营销部前总裁朱莉·伍兹—莫斯（Julie Woods-Moss）说，"如果领导者对自己的价值主张缺乏清醒的认识，就更不能指望其他人了！"

总之，一个好的营销计划应该是行之有效的，它以正确的方式向正确的潜在客户展示正确的吸引力，促使客户做出回应。当潜在客户看到产品或读到营销信息时，你的广告应该能够立即触发客户"这就是给我的！"的反应。

➤ 优秀的广告

优秀的广告会让潜在客户脱口而出："我就想要它！"

康宝莱保健品有限公司（Herbalife Nutrition）是一家价值数十亿美元的饮食和营养企业，企业为其分销商们准备了一个圆形纽

扣，销售人员可以佩戴在胸前，纽扣上面有一个闪烁的红灯，非常吸引人们的注意。纽扣上有两行小字：

减重从现在开始，

从向我咨询开始。

对于一个合适的潜在客户，一个超重并关注减重的人来说，这是一条再完美不过的广告语。它同时触发了客户"这就是给我的！"和"我就想要它！"的反应。

好的广告会强调企业所提供的产品或服务的独特销售主张。广告向大众阐明，与竞争企业提供的产品或服务相比，你的产品或服务具有明显的竞争优势。

真正优秀的广告，其内容应该清晰易懂到能让一个10岁的孩子明白，为什么潜在客户要购买和使用你的产品或服务。广告切忌表意不清。广告必须直接切入，紧密贴合潜在客户最迫切的需求，让客户愿意主动来接触和了解你销售的产品。

你的电话响过吗？

好的营销方式能引起客户的向往和好奇心。广告中提供的价值应能触发这样的客户反应：

"怎么才能做到？"

高效的广告成效显著，无须赘言。高效的广告会触发合

格的潜在客户的即时反应，使潜在客户在精神上和情感上都自愿、主动地向你所提供的产品靠拢。

几年前，我们在广播电台为一项服务做广告。但我们获得的反应率很低，令人失望。有一天，一家广告公司的负责人打电话给我们，问我们的广告业务做得如何。我们支支吾吾了一番，试图回避。然后这位负责人说："我只有一个问题要问你们，你们的电话响过吗？"

的确，尽管我们在每个广播节目中都重复说我们的电话号码好几次，但我们的电话从未响起过。这位负责人对客户的需求进行了仔细研究，对驱动客户行为的客户的担心和渴望进行了重新审视。他主动提出要帮我们重新设计一份广告，让我们的电话响起来。我们欣然接受，他也如期交付了新广告。到了第二周，应用了新广告后，我们的电话响个不停，促销活动也大获成功。从那时起，每当我们思考自己的博恩·崔西国际公司是否拥有好的营销和广告时，我们就会问出同一个根本性的问题，"我们的电话响过吗？"。

衡量广告效果的最简单方法之一就是，它是否会导致你的电话铃声大作，收银机叮当作响，它是否会触发合格买家的即时响应。

确定广告是否有效

确定广告手段是否有效的好方法是一次又一次地尝试。对于广告，重要的是"测试、测试、再测试"。

在广告宣传时，你可以一次更改一个变量，并将结果与以前的版本进行比较。有时，更改多个变量也未尝不可。无论在宝洁公司还是在百思买，营销人员都在不断地测试同一促销活动的 A 和 B 版本，以了解哪种促销活动在吸引潜在客户方面拥有最佳效果。归根结底，重要的问题是，促销是否有效？

客户有比关注广告更重要的事情要做。当客户在观看广告时，他们是空闲的、怀疑的、谨慎的。要取得客户的首次购买，既是一门艺术，也是一门科学。你提供的好处必须非常具有吸引力，让客户愿意去尝试。然后，你应建议客户采取一个"不费吹灰之力"的、低风险的，甚至无风险的举动，比如，可以为客户提供免费试用和退款保证等，这些技巧很古老，因为它们长久以来都行之有效。

若要判断哪些广告手段有效，还有一种方法，是衡量潜在客户生成成本。在企业中，最重要的数字之一就是客户获取成本，而潜在客户生成成本是该成本的主要组成部分。准确衡量营销工作有效性的重要方法是，统计每次广告出现在媒体上时产生的合格潜在客户的数量，然后衡量并比较生成的每个潜在客户所消耗的成本。

风险逆转营销法

要销售更多产品或服务，企业需要了解潜在客户对开展业务的最大担忧，然后将客户担忧的此类风险转移到自己身上，这种营销方法被称为风险逆转营销法。风险逆转营销法要取得成功，关键在于，企业额外的底线收益必须大于增加的支出。

通过采用风险逆转营销法，一家名为 Shoes For Crews（美国防滑鞋企业）的小企业摇身一变，成为世界知名的行业主要参与者。该企业生产的防滑鞋一般包含在许多职业的标准工作着装当中，对企业来说，好消息是，由于防滑鞋包含在标准工作装中，聘用者可以代为购买，可以直接从工人的工资中扣除鞋子的成本。坏消息是，员工也可以在其他地方自己买防滑鞋。企业首席执行官马修·史密斯（Matthew Smith）如何在防滑鞋商品市场上找到一种方法让顾客注意到自己的高品质鞋？

史密斯顿悟出一个道理：当工人在工作中受伤时，聘用者最担心工人提出赔偿要求。因此，史密斯做出承诺，穿着他的防滑鞋的工人不会滑倒，如果出现滑倒事件，史密斯的企业愿意支付赔偿。Shoes For Crews 为每一双 50 美元的防滑鞋提供了 500 美元的保险金！之后企业逐步将每双鞋子的保险金金额提高到了 5000 美元。这一营销策略造就了一场碾压级的成功，即超过 90% 的大型连锁餐厅为员工推荐 Shoes For Crews 的鞋子。

索赔情况如何？ Shoes For Crews 每年为滑倒事件支付数百项索赔，但金额加起来不到其销售额的1%或2%。

客户对这种看似离谱的服务感到震惊，而史密斯则赢得了诸多终身客户。将全面的保证、优质的产品和卓越的客户服务相结合，客户们会持续反馈说："在这里买东西真好。"

将自己视为客户的合作伙伴

营销和广告归根结底是关于可信度和责任。把自己想成是客户的商业伙伴。现在的你每天为客户投入大量时间和资源，此时，不妨再前进一步，想象自己已经把资金直接投入到客户的事业中，就好比你已经成为客户的风险投资人。此时你会如何表现？ 你会希望客户在一个全新的水平上获得成功，你会希望客户的事业长期发展和繁荣。

乔丹·齐默尔曼（Jordan Zimmerman）是一家以他的名字命名的广告公司的创始人，其个人资产超过 26 亿美元。他每天都给每个客户打电话，并像客户们的老板一样关注客户们的事业。

管理每个客户的高管们会围绕客户前一天的销售数据，来计划自己的一天。"每个工作日，我们都会研究每家商店的数据。"他说。

当你每天给客户打电话时，你会情不自禁地把自己代入他们的成功和挑战。"如果有什么事情做对了，我们会知道。如果做得不对，我们可以立即做出新的尝试。我们迅速采取行动，一周7天，一天24小时努力发展业务。"齐默尔曼的广告公司的行为就好比其身为客户运营管理层的一员，因此，即使在困难的市场环境中，他所代理的大多数品牌也能蓬勃发展。

"我喜欢广告和营销，但更重要的是，我是一个每天都在关注客户成功的合作伙伴。"齐默尔曼说。

请把这一套方法也应用到自己的业务中。仔细监测和掌控你的营销工作，如果你和客户没有得到最好的结果，请始终保持愿意做出改变的态度。你的工作是让客户更加成功并在每个工作日超越自己的期望。

第五章　设计卓越的营销计划
调查问卷

　　你到底要销售什么？如何生产产品或服务并交付给客户，销售给谁？由谁来销售？用什么方法销售？如何付款？以及如何进行售后服务？

　　这些"大问题"实际上是一系列战略问题，它们抓住了制订营销计划的每个关键点。任何一个问题的答案的改变都可以改变营销效果和企业的盈利能力。

1. 若根据产品或服务对改善客户的生活或工作的实际作用来定义，你到底销售的是什么？

　　a._____

　　b._____

　　c._____

2. 你的竞争优势是什么？什么是会使你的产品或服务优于其他产品的核心竞争力？

　　a._____

　　b._____

c._____

3. 请描述你的理想客户。谁想要、需要，并且最愿意为你的产品或服务所提供的益处付费？

    a._____

    b._____

    c._____

4. 对你来说，最有效的营销方法是什么？你如何吸引更多的合格客户？

    a._____

    b._____

    c._____

5. 在产品或服务销售中，谁是你最大的竞争对手，你如何将自身产品或服务与竞争对手的产品或服务区分开来？

    a._____

    b._____

    c._____

6. 你如何鼓励客户参与企业的营销和产品开发并为此做出更多贡献？你如何为客户创建一个社区，分享你所在的市场的想法、热情和挑战？

    a._____

b._____

c._____

7. 你可以对产品、价格、促销、地点、定位、包装或人员（营销组
   合7P）进行哪些更改，以便使你的产品更受目标市场欢迎？

   a._____

   b._____

   c._____

回答完前面7个问题后，你将立即采取哪一项行动？

_____

_____

_____

第六章

打造卓越的销售流程

成交前一切都是空谈。

——亚瑟·哈里森·默特利（Arthur Harrison Motley）

美国出版家

许多企业是由没有实际销售经验的人创办的。这些创始人可能是热爱某种产品或发明了某种产品的企业家，如今面临需要将之出售的局面。

但这些企业家对小心谨慎、心存疑虑的潜在客户和销售人员之间的互动几乎一无所知。他们认为，只要拥有足够好的产品或服务，销售收入就会像雨一样从天而降。然而，当企业耗尽客户资源、现金和信贷时，这些企业家们会大吃一惊，然后宣告破产。那句谚语："如果你建好了，他们就会来"很少能够真正成真。在商业世界，"他们"，即客户只有在他们自己想来的时候才会到来。

任何想要成功销售其产品和服务的企业，都必须首先准确了解其客户是谁以及客户购买的理由。

现在的业务竞争比以往任何时候都要激烈，而且每星期、每个月的竞争都在加剧。如今的客户比以往都更难实施推销手段，他们对质量、服务和价值的要求更高。客户如今面临更多的选择，因此不那么急于做出决定。客户也没什么耐心，他们现在什么都想要。

客户的需求

在销售卓越的产品或服务时，最重要的一个词是"一致性"。客户必须持续享受你承诺的结果，才会首先购买你的产品。如果90％的情况下，产品能兑现承诺，那么你的质量等级就是90％。而你的最终目标是达到100％的质量等级，即当你的产品或服务能够100％持续可靠地兑现承诺，这样才能让客户拍手称赞你拥有一款"卓越的产品"。

3 类客户

销售可能会面向3种类型的客户。第一类，在其经营过程中使用你的产品或服务的企业（即企业客户）。第二类，市场上转售你

的产品或服务的企业（即批发商或零售商）。第三类，购买和使用你的产品或服务来改善个人生活品质的消费者（即个人消费者）。每一类客户都有不同的需求，而你必须尽力满足这些需求。

然而，所有购买行为都旨在实现某种明确的改进。产品或服务必须解决一个问题，满足一个需求，或实现一个目标。要提供卓越的产品或服务，领导者必须绝对清楚自身产品或服务旨在为客户达成什么。

企业的目标是为其客户服务，并产生超过成本的收益以产生利润。企业可以通过销售更多的产品和服务、以更高的价格销售、获得和完成重复业务，或通过一开始降低销售、生产和交付产品或服务的成本来实现盈利。

■向企业客户销售卓越的产品

你所面向的第一类客户是企业客户。负责企业采购的决策者会不断地考虑底线收益，考虑产品或服务将如何影响其净利润。最简单地说，在面向企业销售时，你的主要目标必须是证明自己的产品或服务将产生更大的效率和效益，从而为企业带来更高的底线收益或支付比计划支付的更少的成本。

理想情况下，在向企业客户销售时，你的工作是说服企业客户的决策者，在某些情况下，你的产品甚至可以做到"近乎免费，外加利润"。换言之，你的产品将为客户带来底线收益，将使客户比没有该产品时获得更多利润和成功。

你的责任是要向企业客户展示，如果企业客户购买你的产品或服务，其可预期的净收益将远远超过成本。如果你的产品成本为10万美元，每年为企业客户节省或赚取5万美元，并持续有效地使用你的产品5年，客户将在2年内每年获得50%的回报，在接下来的3年内每年净赚5万美元的底线利润。在这种情况下，你的产品或服务就达成了"近乎免费，外加利润"。

当然，有许多产品和服务是企业为满足自我或审美欲望而购买的。但是，即使是旨在提高企业办公环境或所在地点的吸引力或美感的产品或服务，最终目的也是为了吸引和维系更多的客户，进行更多的可获利的销售。

企业客户在承诺购买产品或服务之前，希望得到4个问题的答案：

（1）和价值相关的要素是什么情况？（相对成本、质量、可靠性）

（2）我能够得到多少回报？（投资回报率、资产、客户）

（3）多长时间能够得到回报，或者回报周期如何计算？（回报时间）

（4）如何确保真正享受到卖方（你的企业）所承诺的底线财务收益？（风险管理和担保问题）

这些问题通常是不言而喻的，它们确确实实存在于企业客户的心中。如果你在销售演示过程中未能令对方满意地回答这些问题，企业客户将推迟购买决定，或者根本不购买。

企业客户是否购买你的产品或服务、并将其视为高质量产品，最为重要、具有决定性的因素之一就是回报时间。产品或服务收回成本并开始为客户带来净经济利益的时间越早，客户购买产品或服务的速度就越快、做出购买的决定就越容易。有能力展示快速的投资回报，并使客户相信其能够享受这一成果，这是你在第一时间开展成功销售的核心。

■向批发商或零售商销售卓越的产品

这类客户的动机与企业客户有很大不同。批发商或零售商最关心的是净利润，而净利润与高营业额或每单位销售的高利润率有关，或是两者兼顾的结果。

当然，零售商也希望自己的客户满意。为此，他们将对你提供的产品提出高质量的要求，并要求你能够保证让他们的客户绝对满意。

曾经，你必须提供卓越的产品或服务，因为能始终如一兑现承诺的产品或服务，才能增加销售额、市场份额和盈利能力。但是今天，你的产品或服务必须达到非常优秀，才有可能进入竞争激烈的市场。当涉及自己未来即将销售的产品和提供的服务时，批发商和零售商有很多选择。

■向个人消费者销售卓越的产品

你所面向的第三类客户是个人消费者。产品或服务的个人消费者或最终用户，与商业客户或是批发商或零售商的动机都有所不同。个人消费者想要改善生活或工作，他们更关心产品或服务"做什么"，而不是它"是什么"。

个人消费者是感性动物，产生购买行为的主要动机是其预想的购买之后的感受。他们是否会感到开心？骄傲？有安全感？更有魅力？更受尊重？更为富有，或更有自信？

个人消费者的"需要"和"想要"是有区别的，这两者并不相同。人们可能需要健康、苗条和健美，但他们也想要大快朵颐，享受美食。看似合乎逻辑的选择可能不是客户情感上的首选。将这些问题分清楚，对于成功触发企业所追求的个人消费者的响应至关重要。

个人消费者真正想要的是什么？全食超市（Whole Foods Market）等便利店大力宣传有机食品对个人健康的益处和对环境的影响，但这还远远不够。为了让消费者支付更多的钱，有机食品的味道也必须变得更好。当消费者发现有机原料能让花样繁多的美食变得美味可口时，一个价值数十亿美元的产业就从商品杂货店业务里跳脱出来。

当你去一家餐厅点餐时，你希望离开时能评价一句："这家餐厅真不错！"餐厅老板和与用餐顾客互动的服务人员都应该以触发这种反应为目标。

要提供任何卓越的产品或服务，你必须绝对清楚产品或服务将为潜在客户创造什么样的感觉。只有当你能实现这种感觉并兑现承诺时，客户才会称你的产品为"卓越的产品"。

提高销售额的 3 种方法

提高销售额的方法主要有以下 3 种：

（1）增加交易数量。增加交易数量可以通过营销和广告来实现，可以采用特别促销、打折和其他各种手段，让客户完成首次购买。

（2）扩大每笔交易的规模。一旦吸引了潜在客户，就可以向上销售、交叉销售，甚至在客户支付不起主打产品或服务时向下销售。

（3）增加购买频率。应该争取把客户照顾得无微不至，吸引客户再次惠顾。向现有买家销售更多产品显然是最有效的客户互动类型之一。所有优秀的业务都关乎"超越客户期望"。衡量客户满意度的关键指标是回头率，只有当一个企业能很好地照顾其客户，使客户不断再次惠顾，企业才有可能取得长期成功。即当企业可以触发"这是一款卓越的产品"的客户反应之时，长期成功才能实现。

自己设立标准

竞争对手每天早上醒来，考虑的都是如何夺取你的客户、取代你的业务，甚至如果可能，如何让你破产。竞争对手往往沉迷于赢得你的客户的注意力。和你一样，他们也意识到对客户腰包的竞争非常激烈，他们也下定决心争取更多的客户，即使这意味着作为其竞争对手的你将变得一无所有，他们也在所不惜。

你的工作就是尽可能地了解竞争对手的一切，评估他们在市场上的优势和劣势，然后设定自己的标准。随着越来越多的销售人员面对越来越少的客户，坚持行动和掌握专业知识比以往任何时候都更加重要。

在《蓝海战略：超越产业竞争，开创全新市场》（*Blue Ocean Strategy: How To Create Uncontested Market Space And Make The Competition Irrelevant*）一书中，韩国学者 W. 钱·金和美国学者勒妮·莫博涅（Renee Mauborgne）鼓励管理者为企业制定自己的购买标准，而不是依靠竞争对手来决定质量、价格，以及最终决定产品和服务的留存。他们认为，领导者可以不跟随大众的步伐，而是可以通过重新定义一个市场并制定自己的新规则，来避开竞争的红海。

他们最喜欢的例子之一是太阳马戏团（Cirque Du Soleil），这家企业为人们创造了一种全新的认知马戏的方式，并使一个垂死的行业重新崛起。太阳马戏团采用了一种重获娱乐收入的绝妙而新颖的方式，让竞争对手措手不及。太阳马戏团重新定义了规则并重塑了客户体验，其新风格的娱乐产品也让其自我推销大获成功。

 ## 客户保留

客户保留是销售成功的关键。只购买一次的客户太难获得，而且成本很高。你必须把重点放在第二次销售以及第三次销售上。你的目标必须是对同一客户的多次销售。此外，你的目标还应该包括让满意的客户那里推荐你给别人。

最为重要的销售不是第一次销售，而是第二次。可以通过承诺和优惠来赢得第一次销售，但只有当客户觉得你兑现最初的承诺时，你才能吸引回头客，此时，客户会愿意选择再次从你这里购买而不是从其他地方购买。

第二次销售用来吸引客户的时间和费用大约是第一次销售中的十分之一，因此它比第一次销售要容易得多，利润也高得多。事

实是，如今赢得客户的忠诚度比以往要困难。销售人员需要打更多的电话才能找到合格的潜在客户，需要更多的联系或拜访来实现个人销售，这需要更多的服务。这就是为什么最成功的零售商和批发商的大部分销售额和大购买量都来自回头客，而不是首次购买者。

产生回头客的方式是提供高质量的产品和卓越的客户服务。衡量业务成功的重要标准是业务中来自重复和推荐的销售的业务所占的比率。

养兵千日，用兵一时

实际销售产品的能力，将有兴趣的潜在客户转化为确认的实际客户，这时，便是"用兵之时"。这一能力是企业成功的另一个关键决定因素。实际销售产品的能力源是本书到目前为止讨论的所有内容。

幸运的是，销售技巧是可以学习的。你可以学习任何需要学习的销售技能，以完成为自己或为企业设定的销售目标。销售不存在那么多限制。

销售是一个简单、实用、行之有效的过程，已经被个人和组织学习和重新学习了数十万次。你也可以学习和实践销售，在销售

之后让客户评价说："这是一次卓越的购买体验！"

我的经历

刚开始从事销售工作时，我不知道自己在做什么。最初，我只找到了一份直接推销的工作，每天的工作就是敲门、打电话，从黎明到黄昏。我的工作从早上7：30或8：00开始，那时上班的人陆续到达办公室。我会一整天走访各大商家，或者在附近的社区走动。晚上，我会给公寓住户们打电话。唯一好的方面是，我不怕吃苦。但我就是什么都卖不出去。

经过6个月，每周6天，每天14个小时的工作，我赚到的钱只够支付我租住的一间房间的租金，我意识到，仅仅有渴望成功的心是不够的。我什么也卖不动。最终，我做了一件改变自己人生的事情。我找到企业里最成功的销售人员，请教他做了什么与我不同的事情，能让他的销售任务完成量达到其他人的5~10倍。

他把我带到一边，和我一起研究了我的销售过程，并向我展示该如何进行专业的销售。他告诉我销售演示中的正确步骤、顺序、应该问的问题，以及如何应对拒绝。他告诉我该如何把握主动，以及如何获得推荐。我照他说的做了，之后，我的销售额一直上涨。

> 我从他身上学到的经验也是我后来在商业生涯中不断反复体会到的。如果能够遵循其他成功人士的做法，那么最终会得到与之相同的成果。如果你像其他成功的销售人员和企业一样进行销售，你很快就会得到和他们一样的结果。而如果你不这样做，你可能就不会。
>
> ——博恩·崔西

"销售医生"

各个级别的销售人员都应该将自己视为"销售医生"。这是一种很有帮助的模式，容易教、容易学。

如果你去看医生，医生总是遵循一套既定程序。该程序包括3个步骤：检查、诊断，以及建议治疗方法。销售人员在销售活动中也应遵循同样的3个步骤。

■检查

就像医生在得出结论或提出建议之前坚持对病人进行检查一样，你必须对每个潜在客户做类似的"检查"。

千万不要假设人人相同。切勿断定其他人购买你的产品或服务的理由与你此时面对的人的理由相同。一个优秀的销售人员在

开始介绍产品之前，会仔细倾听客户的意见。

在信息收集过程中，约束自己不要谈论产品或服务，也不要提出建议。医生不会在完成检查之前就开始谈论他会为某个疾病开出的处方。所以，请保持耐心，多问问题，对客户的需求、愿望和欲望做一个彻底的"检查"。

■诊断

在此阶段，你应该获取客户提供的所有信息，并通过提出问题来检验自己的理解，以再次检查信息的准确性。然后，与潜在客户分享你所理解的其真正需求或需要是什么，以及如何满足这些需求。这个过程使你作为一个知识渊博的信息来源具有可信度，并清楚地表明你对客户面临的困难具有同理心。这个过程能够打开客户的心扉，让他们倾听你所销售的一系列解决方案。

医生的职责，就像销售人员一样，是让患者了解各种可能性。许多患者对自己的真正问题或需求没有清楚的认识。因此，一个好医生会向患者解释自己的发现，并解释各种可用的治疗方案，最后推荐最适合患者个体的治疗方案。

■建议治疗方法

只有在你做了彻底的检查，与潜在客户讨论，并征得客户的同意后，才会进入第3个阶段：建议治疗方法。此时，你开始向潜在客户推荐理想的产品或服务，并争取做到考虑得周全、细致，以此

敦促潜在客户采取行动。

一名优秀的绝缘材料销售人员并不只是出现在客户面前、销售一流的产品、提供优惠的价格。他会先检查客户的房子，了解其构造，并获得客户目前支付的能源成本信息。然后他会告诉客户，客户支付的能源费用是邻居的2倍，原因就在于客户的房屋所用的绝缘材料太过老旧。他还会告诉客户，邻居的过敏症状为什么没有那么明显，是因为邻居的阁楼上没有旧的绝缘材料带来的霉菌。他也会解释为什么邻居的房子闻起来更干净、更清新。然后他会给出一个可采取的行动方案建议，即安装更好的绝缘材料，并告知客户安装该材料后的所有益处。

销售人员应该将自己视为"销售医生"，是从事一门手艺、遵守道德准则、遵循一套行之有效的程序并完全致力于客户（患者）福祉的完全专业的人士。这种专业的态度是每个领域中前20%的销售人员所身体力行的。

⟳ 优秀销售流程的 7 条规则

专业销售就像烹饪一样，是一门艺术和科学。不遵循以下7条重要的规则，就不要进入销售的"厨房"。如果"销售配方"中缺少任何一条规则，或者这些规则的顺序或比例错误，销售都不会成功。

如果你愿意听，这里还有一个比喻：销售就像拨打一个7位数的电话号码。如果想接通电话的人是对的，则必须按照适当的顺序按下每个号码。在销售过程中，你必须遵循这7个特定的规则，才能确保大数量的销售、再次销售和被推荐。

■规则1：潜在客户和猜想客户

花更多时间在更好的潜在客户身上。你销售的东西可能有很多人想购买，但这些人并不都是你的潜在客户。我们在这里提醒诸位，请关注自己的营销计划，就像我们在第五章——营销策略中所做的那样。大多数潜在客户可能都不适合你的企业以及你的产品和服务。

谁是你的产品或服务的主要购买者？在大多数企业中，很可能只有不到20%的客户购买你80%的产品。你必须找到那些前20%的客户作为业务核心。如果你是折扣经纪商，就必须找到交易最多的客户。如果你是广告销售人员，就必须找到购买广告最多的客户。

这听起来意思很明显，但许多企业家表现得好像他们不知道自己最好的客户是谁。我们惊讶地发现，也经常会遇到一些企业的例子，其市场部门进行了大量研究，但销售团队最终却在各个方向上浪费时间和金钱。请凝聚客户服务人员、营销团队以及销售团队的资源，大家共同讨论谁是市场里的最佳购买者。

你的首要工作是将潜在客户与猜想客户区别开。慢慢来，多提问。你的销售能量和资源有限，不能把太多的时间花在那些不会购买的人身上，造成能量和资源的浪费。

优秀的潜在客户具有以下几类特征：

（1）需求。潜在客户有一个真正的需求，而且是此时此刻就具有这个需求，而你的产品或服务可以满足该需求。

（2）问题。潜在客户有一个明确的、可识别的问题，你的产品或服务可以解决该问题。

（3）目标。潜在客户有一个明确的目标，你的产品或服务将帮助他实现该目标，同时所花费的成本明显低于目标本身的价值。

（4）不满。潜在客户对现状不满意或不愉快，而你的产品或服务可以消除这些情绪。

（5）结果。潜在客户有其想要或需要完成的明确结果，而你的产品或服务将帮助他更快、更好、更经济地实现该结果。

以上每种特征中，最重要的因素是清晰度。你和潜在客户都需要完全清楚需求、问题、目标、不满或结果的存在，而且你的产品或服务能让成本产生效益、能够应对这些特征的方式。

■规则2：建立融洽和信任

尽管人们在销售过程中投入了大量的数据研究和专业知识，但绝大多数的购买决定最终都是基于情感做出的，尤其是基于买家

（或他们的同行）对产品和销售人员的感觉。买家对销售人员的感觉会延伸到对整个企业的看法。

最好的销售过程是这样的：销售人员通过大量事实细节向消费者介绍其所面临的问题，然后展示自己所销售的解决方案所带来的好处。然而，销售中最大的一个流程发生在实际销售之后。

完成销售后，你必须交付产品或服务，确保其安装和使用令人满意，并在之后的相当长一段时间内处理客户的疑虑或投诉。这就是为什么客户希望首先建立联系。就客户而言，与销售人员的关系可能变得比销售人员销售的产品或服务更重要。

在销售中，有一条"间接努力法则"。该法则指出，你越是专注于关系（间接策略），销售就越会自然而然发生。反之，你越是专注于销售而忽略关系，完成销售任务或建立良好客户关系的可能性就越小。

销售关系中最重要的因素之一是信任。客户必须完全信任你（销售人员），并完全相信你会履行承诺。客户必须相信产品或服务会达成你所做的承诺，并且相信你能够持续履行承诺。

讲述不是销售，询问才是销售。你针对客户的需求提出问题的数量，与跟客户形成的关系的强度有直接关系。此外，你有多认真倾听客户的回答，对客户对你的喜欢和信任程度有直接影响。事实是，倾听能够建立信任。要在销售人员和客户之间建立高度信任的关系，最快、最有效的方式之一就是，销售人员提出大量问题并仔细聆听客户的回答。

当客户说话时，你越是仔细倾听，他就越喜欢和信任你，并愿意购买你的产品或服务。信任是基本要素，提问是关键。

■规则3：准确识别需求

许多客户在第一次与你交谈时，并不知道你的产品或服务可以满足他们的需求。在他们心目中，他们自己只是回答问题的人，也就是说，客户只是在配合销售人员收集信息。

当你与客户交谈时，他们可能有明确的、不明确的或不存在的需求。如果需求是明确的，客户对应该如何满足该需求的认知可能是准确的，也可能是不准确的。也许客户真正所需要的与他认为自己所需要的有很大差距。如果需求不明确，只有通过检查和诊断，你和客户才能确切了解到底存在什么需求，以及如何用你提供的东西来最大限度地满足这一需求。

在许多情况下，客户可能认为自己有需求，但他对自己的境况其实已基本满意，他其实不需要你的产品或服务，而作为一名专业人士，你有责任告诉他这一点。

准确识别需求的方法是通过提问，从一般到特殊，并倾听答案。这就是为什么许多收入高的销售人员会事先仔细准备问题，并把问题记录下来，然后按顺序提问。而不怎么优秀的销售人员会

信口开河，在谈话中前言不搭后语，说的话仿佛一个醉汉摇晃着，扶着灯柱走路。不连贯的提问过程必然会降低可信度，并使销售任务越来越难以完成。

■规则4：有说服力的产品展示

商业演讲是实际销售产生的地方。在销售过程中，你会犯很多错误，但你的商业演讲质量将决定客户是否购买。

最好的销售方法是展示、讲述和提问。例如，你对客户可以这样说："这是一个小型企业会计软件程序。有了它，您可以管理业务中的所有数据。您对此感兴趣吗？"

在整个演示文稿中使用"尝试式结尾"。这是一种结束式问句，即在不停止销售的情况下允许客户用"否"来回答，因为这个问题给了销售人员另一个机会来做出积极的回应。比如：

销售人员：您想在家用办公电脑上安装这个软件吗？

客户：不，我想在市中心的办公室使用这个软件。

销售人员：没问题。我们的软件在家用电脑和办公室用的服务器系统中都运行良好。

此外，强大而专业的商业演讲应不断提及过去成功使用过该产品或服务的其他客户。销售人员可以讲述与潜在客户处于相同或相似情况的其他客户的故事，并说明那些客户购买了自己的产品或服务后非常满意。

■规则5：有效回应拒绝

没有拒绝就没有销售，拒绝也可能传达出客户的某些兴趣。潜在客户对产品或服务提出的问题越多，就越有可能有兴趣购买。

"6法则"适用于拒绝。6法则是指，客户拒绝任何产品或服务的理由永远不会超过6个。有时只有一两个，但不会超过6个。你应该拿出一张纸，坐下来，在纸上写出如下问题的答案：一个合格的潜在客户拒绝购买我的产品或服务，可能会有的理由是什么？

即使在一周或一个月内收到几十个拒绝理由，这些理由都可以集中在不超过6个类别的范围。你的工作是确定可能收到的主要拒绝理由，然后针对每个拒绝理由制订无懈可击、合乎逻辑的回答方法，不让这些理由对销售过程造成阻碍。

■规则6：完成销售任务

高尔夫球运动中有句谚语："开球作秀，推杆赚钱！"

在销售中，你已经遵循我们到目前为止所谈到的每一个步骤，但最终完成销售任务并让潜在客户做出购买决定的能力才是你"推杆赚钱"的法宝。

销售过程中最有力的词是"询问"。大多数销售人员害怕被拒绝，害怕在销售对话中被告知"不"。出于这个原因，他们根本不提问，他们只是被动地坐在那里，希望客户会主动购买产品或服务。但客户主动购买的情况鲜少发生。即使客户想要这个产品，

需要这个产品，能够使用并支付得起这个产品，销售人员需要做的依然是主动开口与客户交流，并争取协助客户做出购买决定。

完成销售的最简单的技巧莫过于"邀请式结尾"。做完商业演讲后，你可以提出问题："诸位还有什么我未提及的问题或疑虑吗？"

当客户回答："我觉得你都讲到了。"此时，你就可以带入一个邀请式结尾："那么，您为何不试一试我们的产品或服务呢？"

另外，你也可以谈谈客户希望产品或服务如何交付。

许多客户离做出购买决定只有一个问题的距离。他们所需要的只是一个小小的推动或鼓励。当你问出："如果您喜欢，何不尝试一下？"你会惊讶于很多客户会马上回答："好啊，为什么不呢？"

好消息是，如果你已经和客户之间建立了高度友好的关系以及信任，准确地确定了需求，做了一个清晰的以利益为导向的陈述，并答复了潜在客户的任何拒绝理由，那么销售任务的完成就会是自然而然的事。销售就是这般简单易行，也几乎可以预设。永远不要害怕询问。

■规则7：获得再次销售和被推荐

这是销售过程中最重要的部分之一。一切都必须以照顾好客户为目标，鼓励客户再次购买，并推荐你的产品或服务给朋友和同

事。要把所有客户都视为能支付百万美元订单的大户，有能力购买大量产品并推荐给大量其他的潜在客户。

平均而言，每一个人的熟人圈里都有大约300个人。其中包括亲戚、朋友、老师、同学、同事或其他与工作有关的联系人，以及各种类型的熟人，比如银行专员或个人专属会计师。

想象一下，一个客户所认识的人中，只有10%的人是你的产品或服务的潜在客户。这意味着，如果你对现有客户服务周到，每个从你这里购买的客户都有可能为你带来30个额外的客户。这30个额外的客户中，每个客户也认识300个人。这300个人当中也有10%的人会向你购买。这意味着，在未来几个月里，你销售成功的每个客户都有可能给你带来900（30×30）个潜在客户。这是否成功地引起了你的注意？这是否已经影响到你面对站在眼前的个体客户的态度？我们希望如此。

而向那些被推荐的客户销售产品所需的时间、金钱和精力，是向那些陌生的、全新的客户销售时所需的十五分之一。以消费零售业为例，当一个人经由满意的客户推荐给你时，这个人在第一次与你联系之前，你的销售任务就已经成功了95%。如果能够定期和系统地利用老客户为你树立的口碑，那么口碑对你的业务发展将具有非常强大的作用。

争取推荐。获得推荐的关键是"值得推荐"。你应该向客户提

供足够优质的服务和引导信息，让客户有信心将你推荐给其家人、朋友和同事。当客户得到很好的服务时，他们会希望自己的朋友也能享受同样的体验。

一定要抓住每一个机会争取得到他人的推荐。你可以说："我真的很喜欢与您一起共事。俗话说，物以类聚，人以群分，在您结交的和您一样优秀的人当中，是否也有人会对我们的产品或服务感兴趣？"

而谁会否认自己不认识其他"优秀的人"？

当一位满意的客户将你推荐给一位新的潜在客户时，你一定要向这位客户汇报并分享后续。一般人们都会对你对其朋友或同事说了什么、做了什么以及朋友或同事如何回应感到非常好奇。

当你由于推荐成功而完成一项销售任务时，请给推荐人发一封感谢信，给推荐人送一份礼物。我自己最喜欢的是水果或食品类的礼品篮。人们总是喜欢收到礼物，如果你对他们表达谢意，他们将来会更有可能为你提供更多的潜在客户。

有许多书、文章、CD 和销售培训项目都对销售过程中的这 7 个步骤进行了扩展。尤为重要的是，有时任何一个领域的微小改进都可能导致成功概率的显著提高。

销售中"超级可信度"的6大要素

今天，你需要信誉来获得潜在客户给出的一个机会，但你需要"超级可信度"来真正实现成功的销售。在销售活动中，可以开发和使用的"超级可信度"的6大要素是：

（1）市场知名度

（2）你的企业

（3）客户评价

（4）专业的商业演讲

（5）销售人员

（6）产品本身

■市场知名度

在建立信誉方面，最有效的事情莫过于在业务中成为一个"已知量"。最好的销售组织会与专门宣传其行业的机构保持紧密联系。他们会熟识行业内的知名记者和编辑，他们会在重要的贸易展上进行演讲，他们会加入合适的专业协会，成为有价值的志愿者，他们会参加专业服务组织和社区组织，使自身知名度得到提高，他们会了解撰写研究报告的分析师、专门研究其行业的专栏作家以及报道其所在市场资讯的博主，他们还会撰写自己的博文和时事通讯，帮助引导市场上的客户。

谁是最"影响"你的客户的人？客户寻求建议和见解的权威人士是谁？你的潜在客户最关注哪些出版物和（或）权威人士？谁对有关你的产品或服务的舆论影响最大？

■你的企业

企业有3个建立可信度的要素：规模、声誉和企业寿命。关于规模，企业越大，人们就越认定它会提供高质量的产品或服务，不然怎么会拥有那么多消费者呢？

如果你的企业尚不具规模，那么就需要用其他具备创造性和有效性的功能来弥补，让产品更优秀。作为小企业主，你必须证明，大的不一定是好的——例如，你的小企业可提供更专业或更私人定制化的周到服务。

企业寿命长可以使其产品更值得信赖。有一种自然的假设是，如果一家企业规模大、声誉好，并且已经经营了很长时间，那么它一定是在销售高质量的产品和服务，并且这些产品和服务显然比那些较新或不太知名的企业销售的产品和服务更有价值。

在建立"超级可信度"方面，企业的声誉极其重要，也许比任何其他因素都更为重要。销售人员可以采取的最有力的建立信任的措施之一就是，提及企业有多大规模以及在行业中的受尊重程度。永远不要假设潜在客户在第一次与你交谈时就对你的企业有任何了解。

■客户评价

推荐信是向潜在客户展示和提升企业在市场上的声誉的一个好方法。毕竟，几乎每个客户都有一个最常见的问题，尽管有时没有说出口："还有谁购买了你的产品或服务？"

成百上千的人已经购买了该产品或服务并表示满意，可能没有什么比这一结果能更快建立起产品、服务或企业的可信度了。

一定要告诉潜在客户有多少人已经购买了该产品或服务，并且目前正在享受它们。与潜在客户分享来自现有客户的推荐内容，展示其他购买过你的产品或服务的客户的名单，展示其他客户使用或享受你所售的产品或服务的照片。拍摄满意客户的推荐视频，并在笔记本电脑上为潜在客户播放。

利用推荐是建立销售所需的"超级可信度"的最快和最有效的方法之一。

■专业的商业演讲

和销售相关的商业演讲必须专门面向相应的潜在客户，并且是清晰易懂、准备充分的和专门定制的。据估计，专业的商业演讲可将产品或服务的感知价值提高2~3倍。这意味着销售人员要提前做好细致的准备，并尽可能了解客户。销售人员要对自己的商业演讲进行周密的计划，不放过每一个细节。商业演讲的过程要平稳流畅，认真回答客户的每一个问题或疑虑。一个专业的和销售相关

的商业演讲 —— 为特定客户的需求和挑战而定制的商业演讲 ——
将大大降低客户的担忧和怀疑程度，提高客户对企业的信任程度和
企业的可信度。

■销售人员

销售人员的素质、性格和信心对销售结果有着巨大的影响，它们
能够通过销售人员的言行举止、知识和态度等不同方式体现出来。

（1）言行举止。如果客户从见到你的那一刻起就感觉不适，那
么你很难与客户建立关系。你是否了解如何对潜在客户举止得体？
你是否和客户有类似的价值观？你是否了解客户的所遵从的文化
和习俗？你是否为获得成功而着装得体，以使你在客户的组织中受
到重视？

销售人员绝对有必要为自己所代表的企业、组织或个人学习恰
当的言行举止和着装。如俗话所说，"没有帮助，就是伤害。"每
一个细节都很重要。

（2）知识。最好的销售人员在与客户第一次会面之前，会尽可
能地了解客户业务的每一个细节。他们研究并思考客户如何能从
他们所销售的东西中获得最大利益。你越能表现出对产品或服务
的真正兴趣和增值知识 ❶，对潜在客户的影响就越大。

---

❶ 指知识从量变发生质变。—— 译者注

尽管有才华的销售人员可以向任何人"推销一切"的观点也许有道理，但最卓越的销售人员通常会足够关心客户和产品，从而成为专家。他们真诚地关心客户，并希望帮助客户解决问题并实现目标。

（3）态度。优秀销售人员热爱并享受自己所销售的产品。他们喜欢不断谈论产品，并向他人，尤其是客户仔细讲解产品。优秀销售人员想更多地了解产品以及产品能为客户做什么。热爱本职工作并认为自己的工作很重要的人，会比那些不热爱工作的人多掌握一倍的知识，多付出一倍的努力。

真性情还是傲慢？

许多人试图通过开玩笑、手势，或者新奇的穿着打扮来表达个性。虽然你只是想诚实地展现自己真实的一面（而且完全出于善意），但客户或其组织可能无法欣赏。他们可能无法理解你的本意。他们可能将你对他们的感受缺乏敏感性视为一种傲慢，或者是产生更不好的想法。

不事先做好功课确实是一种傲慢。你需要以一种和自身性格不矛盾的方式来表达尊重。这意味着你要了解客户身处环境的一切细节。

你可以研究领域内最成功的销售人员，学习他们的装扮

和行为。这些成功的销售人员在背景、气质或个性方面也不尽相同，而在与潜在客户接触的过程中，他们是如何实实在在地赢得客户的信任的？

跟随他们的步伐，学习他们的见解，像他们那样与客户保持同步。

■产品本身

建立"超级可信度"的最后一个要素是有能力向客户证明，你的产品或服务是他们在目前市场上最理想的选择，并且相对于他们能够获得的价值来说，你给出的价格公平且合理。在正确的时间以正确的价格为正确的客户提供正确的产品，是对信誉的重要考验。

高绩效的3个P

在《成功长青》一书的准备过程中，我们研究了那些拥有卓越成就至少达20年的人们——从亿万富翁到诺贝尔奖获得者。尽管他们的领域或职业各不相同，但我们发现他们具有领导者明显的3个共同特征：激情、目的和绩效。他们热爱自己的工作（激情），并认为自己的工作对客户很重要（目的）。当他们清楚自己的激情和目的时，他们会变得非常注重结果和以行动为导向（绩效）。

> 在销售工作中将这3个特征结合起来时，你就会一次又一次地赢得销售机会。当你花时间了解客户的激情、目的和绩效时，就会与客户建立联系。客户会喜欢和你相处，并对在你这里消费这件事感到放心。

终极考验

归根结底，将感兴趣的潜在客户转化为实际客户的能力高低是决定成败的关键。各种规模的卓越企业都将自己视为"销售的组织"。高层人士整天都在思考客户和销售情况。最好的销售人员是组织中收入高、受尊重的人。

在销售中，请记住，当你把成功带给他人时，你自己也会成功。如果今天并未达到自己的业务目标，那就请把其他事都放在一边，走出去和买家们聊聊。你要与客户通力合作，致力于帮助客户实现目标。请销售自己真正相信的东西，为客户提供持久的价值，客户会通过在你这里消费来回报于你。最后，永不言弃！

> **第六章　打造卓越的销售流程**
> **调查问卷**

1. 找出影响和决定你的企业或行业中销售人员成功的3个最重要的因素。

    a.＿＿＿＿＿＿＿＿＿＿＿＿＿＿＿＿＿＿＿＿＿＿＿＿＿

    b.＿＿＿＿＿＿＿＿＿＿＿＿＿＿＿＿＿＿＿＿＿＿＿＿＿

    c.＿＿＿＿＿＿＿＿＿＿＿＿＿＿＿＿＿＿＿＿＿＿＿＿＿

2. 列出你可以立即采取的3项行动，以吸引更多更好的潜在客户加入你的业务。

    a.＿＿＿＿＿＿＿＿＿＿＿＿＿＿＿＿＿＿＿＿＿＿＿＿＿

    b.＿＿＿＿＿＿＿＿＿＿＿＿＿＿＿＿＿＿＿＿＿＿＿＿＿

    c.＿＿＿＿＿＿＿＿＿＿＿＿＿＿＿＿＿＿＿＿＿＿＿＿＿

3. 为了实现销售目标，你和你的销售人员需要熟练掌握的3项最重要的销售技能是什么？

    a.＿＿＿＿＿＿＿＿＿＿＿＿＿＿＿＿＿＿＿＿＿＿＿＿＿

    b.＿＿＿＿＿＿＿＿＿＿＿＿＿＿＿＿＿＿＿＿＿＿＿＿＿

    c.＿＿＿＿＿＿＿＿＿＿＿＿＿＿＿＿＿＿＿＿＿＿＿＿＿

4.列出你可以立即做的3件事，以与实际客户和潜在客户建立更高
水平的信任和"超级可信度"？

　　a.＿＿＿＿＿＿＿＿＿＿＿＿＿＿＿＿＿＿＿＿＿＿＿＿＿

　　b.＿＿＿＿＿＿＿＿＿＿＿＿＿＿＿＿＿＿＿＿＿＿＿＿＿

　　c.＿＿＿＿＿＿＿＿＿＿＿＿＿＿＿＿＿＿＿＿＿＿＿＿＿

5.你的销售人员可以采取哪3个行动，来进行更有说服力和更有效
的和销售相关的商业演讲？

　　a.＿＿＿＿＿＿＿＿＿＿＿＿＿＿＿＿＿＿＿＿＿＿＿＿＿

　　b.＿＿＿＿＿＿＿＿＿＿＿＿＿＿＿＿＿＿＿＿＿＿＿＿＿

　　c.＿＿＿＿＿＿＿＿＿＿＿＿＿＿＿＿＿＿＿＿＿＿＿＿＿

6.你可以采取哪3项行动，或者可以提供哪些激励措施，让潜在客
户尽快购买，而不是迟迟不做出购买决定？

　　a.＿＿＿＿＿＿＿＿＿＿＿＿＿＿＿＿＿＿＿＿＿＿＿＿＿

　　b.＿＿＿＿＿＿＿＿＿＿＿＿＿＿＿＿＿＿＿＿＿＿＿＿＿

　　c.＿＿＿＿＿＿＿＿＿＿＿＿＿＿＿＿＿＿＿＿＿＿＿＿＿

7.列出你可以提出的3个问题，以促使感兴趣的潜在客户做出购买
决定。

　　a.＿＿＿＿＿＿＿＿＿＿＿＿＿＿＿＿＿＿＿＿＿＿＿＿＿

　　b.＿＿＿＿＿＿＿＿＿＿＿＿＿＿＿＿＿＿＿＿＿＿＿＿＿

　　c.＿＿＿＿＿＿＿＿＿＿＿＿＿＿＿＿＿＿＿＿＿＿＿＿＿

你将立即采取哪一项行动来增加销售额?

第七章

创造卓越的客户体验

每位商业人士的黄金法则是"设身处地为客户着想"。

—— 奥里森·斯韦特·马登（Orison Swett Marden）

美国著名出版家

商业成功的秘诀可以用一句话概括："让客户满意。"

企业拥有成功的未来的关键就在于多大程度上为客户创造这一体验 —— 一次又一次地让客户满意，让客户非常乐于与你开展业务。

全企业上下一心，致力于取悦客户，这样最能提升客户的满意度、忠诚度和回头率。这是引发像"这是一家卓越的企业！"这样的反响的关键。

第一次获取客户的成本很高。当你有了客户，请把他们"用钢圈箍在你的身上"。培养为客户服务的执着精神，比竞争对手更好地服务客户，并不断寻找改进方法。

你的目标应该是让客户为你销售，并由衷希望客户能够"走红"，把你想要传达的信息带入市场并引起热议。你希望客户能够向同事和邻居热切推荐你的企业，还希望客户能够主动发送有关你的产品和服务的电子邮件和博文。

⮑ 实现卓越的客户体验的 12 个要点

制定一个优秀的客户服务政策的出发点是确定对待客户的方式。首先，定义"卓越的客户体验"。

如果客户体验非常完美，会发生什么？当客户和其他人谈论你的服务时，你希望他们说什么？

在斯坦福大学实时风险设计实验室中，我们研究了为什么绝大多数的初创企业会迅速失败。我们召集了各类专家共同讨论，其中包括风险投资家、经验丰富的企业家、心理学家、社会学家，甚至是叙事学家，即专门研究叙事作品的专家。

我们翻阅了大量关于该主题的研究报告，并询问了运营不到一年的初创企业的创始成员，以及那些已经成功运营几十年的企业的创始成员。我们观察了客户和利益相关者如何使用这些企业的产品或服务，并聆听他们讨论自己最看重的事情。我们发现了以下

12个可以实现卓越的客户体验的要点。

■1. 可靠性和一致性：不要让客户不适应

如果你每次和朋友见面，都发现他们和之前不一样，你会有什么感觉？想象一下，如果你每次见到他们时，他们都改变了自己的外貌、声音和举止，那么你要保持这种友谊将是多么困难。

因此，在没有充分理由的情况下过于频繁地改变产品时，客户会出现心烦和不安的感觉。例如，一些企业总是想在企业每次有新的理念时更新其网站，但客户往往讨厌那些不熟悉的变化，而不是对企业如此自鸣得意的"改进"表示欣赏。许多网站经常改变导航菜单，而且就在客户已经学会使用并习惯界面的时候，这种改变让客户再次感到迷惑。

当可口可乐画蛇添足地推出一款"新可乐（New Coke）"时，其市场份额急剧下降[1]。可口可乐引领的一个世纪的成功差点毁在了这次营销事件中，而这次所谓改变只是出于与百事可乐的竞争，以及从企业自身而非客户利益出发的、想要发生改变的内在需求。如今，可口可乐尝试并增添了数百种口味，以满足不同地域的消费者们不断变化的口味，但它从未再次改变可口可乐的原始配方。

---

[1]　1985年，可口可乐宣称改变了经典的配方，推出"新可乐"，但销量极不理想。——译者注

可靠性和一致性意味着客户在每次体验产品或服务时，都可以有相同的品牌体验——如麦当劳、肯德基或达美乐比萨。每次购买这些品牌的产品，客户都明确知道其味道。对于大多数企业来说，这就是品牌的定义。

■2. 承担责任：犯错就道歉

一项又一项的研究表明，当大多数客户抱怨时，他们并不是真的想要退款或取消订单。他们只想让产品发挥作用。他们希望销售产品的企业能够履行其销售时的承诺。

人们并不期望完美，他们所期望的是，企业可以对他们使用产品时发生的一切好事坏事负责。令人意想不到的是，如果许多企业（以及名人和政客）承诺采取行动、迅速道歉，并承担责任，他们其实很快就会得到公众谅解。无论犯了什么错误，应立即道歉并迅速采取行动解决问题，不要找借口或者责怪他人。立即采取行动，服务客户。

祸兮福之所倚。具有讽刺意味的是，错误反而让你更深入地挖掘问题，并与客户进行比以往更有意义的对话。企业最忠诚的客户可能是企业犯错之后带来的。当有一位顾客抱怨她在入住万豪酒店后出现过敏症状时，经理看到了一个向顾客展示万豪酒店服务的大好机会，而这项服务是大多数顾客不曾想到的：酒店对每个房间进行了严格细致的清洁。这是入住酒店的顾客不曾了解的。

在这个案例中，顾客被打动了，她升级加入万豪分时度假（Marriott timeshare）并消费几万美元，因为她现在确信，可以信任万豪国际集团比其竞争对手做得更优秀。

一个投诉并得到企业的快速回应的客户，在未来的销售和推荐方面，实际上比一个根本没有投诉的客户对企业更加忠诚。另一方面，对客户投诉的缓慢反应会引发客户的担心和愤怒。客户担心自己将被一个不起作用的产品困住，并对自己最开始的购买决定感到愤怒。

此时企业应遵守的规则是，迅速回应客户的投诉，拒绝辩护或找借口，并立即提出补偿条件以让客户满意。在与客户打交道的过程中，要做到开诚布公。请始终假想企业做的任何事、说的任何话都会很快为公众所知。务必做到实话实说，及时道明真相，在一切行动中建立和保持客户对企业的信任。

■ 3. 响应性：响应速度决定成败

当你的配偶或恋人问你："你爱我吗？"时，仅有肯定的回答是不够的。你还必须快速回答！速度很重要。

现如今，通过即时和全球性的交流，消费者可以在手机上迅速获取关于你的产品的信息，因此分秒皆重要。2010年，丰田对其部分车辆出现的加速问题否认的时间越长，危机就越大，该企业修复其声誉所需的时间也就越长。

美国联合航空公司发现，一名行李搬运工在全机人的注视下摔毁了一名乘客的珍贵乐器，这一事件让消费者的愤怒很难平息。美国联合航空公司本来只要花3500美元就可以为客户更换其珍爱的泰勒牌（Taylor）吉他，以省下数百万美元的公关成本，但企业并没有让步。被毁吉他的主人戴夫·卡罗尔（Dave Carroll）和他的乐队"马克斯韦尔之子"（Sons of Maxwell）制作了一个名为《美联航弄坏吉他》（*United Breaks Guitars*）的音乐视频，对美国联合航空公司进行了大快人心的抨击，视频重现了卡罗尔的遭遇，在YouTube上产生了超过2000万次浏览量以及超过22万次的点赞。美国联合航空公司几乎被媒体的负面报道压得喘不过气来，而卡罗尔的乐队的音乐生涯则因此达到新的高峰。

每个人都应该清楚，客户是决定你工作成败的人，也是决定你薪水的人。沃尔玛创始人山姆·沃尔顿曾经说过："我们都有一个老板，那就是客户。而且客户可以在任何时候解聘我们，他只需选择在其他地方购买。"

你是客户的代言人。将自己的企业视为最佳客户的消费者保护机构。一定要不断地重新评估企业中的奖励和认可系统，以确保你对团队有正确的激励。你需要与客户保持一致，坚定不移地致力于提供卓越的客户服务，这同时意味着要明确抑制和打击在服务客户的过程中的不良行为。

要在竞争激烈的市场中获胜，你必须对客户所经历的考验、磨难和胜利表现出深切的同理心。每一次与客户的接触都是"关键时刻"。每一次接触都会对客户产生影响，进而对企业未来业务产生影响。有句老话说："人们不在乎你知道多少，直到他们知道你有多在乎他们。"你的工作是不断地告诉客户，自己有多么欣赏并感谢他们。

■4.专项服务：感觉像是量身定做

你的客户体验是客户真正想要的吗？你是客户独特需求方面的专家吗？如何使你的企业提供独特的客户体验，以让竞争对手无法与你匹敌？

根据《商业周刊》和 J.D. Power 在 2010 年对客户服务冠军的调查中，有一家企业能够很好地提供专门的服务，比其他企业有更多的客户愿意惠顾，并反复推荐其品牌，这家企业就是 USAA（美国金融服务集团企业），它通过专注于一个未被满足的利基市场做到了这一点。USAA 面向的客户市场是那些无法获得汽车保险的美国军官（因为军官被视为高风险职业）。在排名前十的汽车保险竞争对手中，USAA 是唯一一家将服务对象限制为美国军方成员及其家属的企业。

有些服务总是很有温度。当汤普森（本书作者之一）在家得宝的网站上买错了电动割草机时，他能够毫无压力地在任何一家家得

宝商店退货。家得宝做了许多其他企业没有做到的事情，它使客户能够很容易地在其零售地点和在线网站得到服务，这是每个客户都想要拥有的服务。家得宝的政策让买家更有信心随时随地从它的实体店或网站购买东西，企业成功建立了客户的信任和忠诚。

■5.库存：一定要准备好产品

为了从客户那里获得你想要的回应，并让客户由衷赞叹："这是一款卓越的产品！"，你必须让该产品有库存。汤普森发现自己买错了电动割草机，并且发现把它退给当地的家得宝商店非常方便，他自然想从当地的同一家商店继续购买合适的电动割草机。遗憾的是，这家商店整个12月都没有汤普森想要的电动割草机的库存。诚然，没有什么人会在圣诞节假期修剪草坪，但加州的草坪在冬天仍然生长，而且，不管你信不信，这台电动割草机是汤普森准备送给岳父的圣诞礼物（汤普森的岳父真心想要一个无线电动割草机）。热心的工作人员查了该地区的其他分店，这是另一项卓越的服务，但仍没有解决问题。工作人员建议汤普森在家得宝的官方网站上购买，奇怪的是，该网站在12月也没有该商品出售。

最终，汤普森在亚马逊的官方网站 Amazon.com 上找到并（以更低的价格）购买了自己一直寻找的电动割草机。家得宝理应得到汤普森这位忠实客户的购买。当客户买错的产品必须被退回时，该企业提供了很好的服务，但最终它没有在客户需要的时候成功提

供合适的产品。

无论是小型企业还是大型企业，要在合适的时间拥有合适的库存，而且要不影响银行里的资金。这是一项昂贵的平衡行为，库存有成本，如果不及时出售会产生风险，但为了提供卓越的客户体验，你需要找到一个方案，能够在客户想要购买时及时提供产品。

■6.质量：质量由客户定义

质量的定义是，产品或服务对客户的特定情况的适用性。质量意味着产品或服务符合（并有可能超过）客户的标准和要求。

质量有不同的等级或层次。在大众市场零售业，像沃尔玛、好市多（Costco）和百思买这样的企业能够持续获得市场份额，是因为它们做到了将产品性能和服务与其客户群体相匹配。这些企业并不总是拥有最豪华或最高端的产品，但能够切实提供一定价格下特定客户群体所期望得到的产品。

第二次世界大战期间，成千上万的人接受了伞兵训练，但在试跳期间，有太多降落伞没有打开。幸运的是，伞兵们一般都有备用降落伞，所以训练中的死亡人数极少。然而，无论军队多么频繁地提醒和警示降落伞包装工人，或为做到正确包装降落伞的工人提供奖金和奖励，未能打开的降落伞的默认比例仍然高得令人无法接受。

最后，一名军官想出了一个办法。他对降落伞包装工人宣布，第二天早上，所有工人都将被带到5000英尺（约1.524千米）的高空，并带着自己亲手包装的一个降落伞跳下去。不出乎意料，在第二天的试跳过程中，每一个降落伞都完美地打开了。

随后，这位军官集合所有的降落伞包装工人，宣布从现在开始，将随机抽取工人，并从其上一周打包的降落伞中随机选择一个，让被抽中的工人带上从高空跳伞。从那一刻起，每个降落伞的包装都非常完美，再未发生过降落伞无法打开的状况。❶

■ 7. 交付：尽可能超出预期

能够提供快速、可靠、可预测的产品交付的企业，会从交付缓慢或不一致的供应商那里把业务吸引过来，这一点不足为奇。Zappos（美国鞋类电商企业）是一家在线鞋类供应商，在不到9年的时间里，Zappos从一个提供快速和富有想象力的客户服务的创业想法，成长为一家市值10亿美元的企业。该企业的首席执行官为我们讲述了一个在客户中流传的笑话："在 Zappos 的官方网站上提交订单后，得马上起身去开门，因为你刚订购的鞋子已经到了。"

汤普森见到 Zappos 的创始人兼首席执行官谢家华的那天，谢家华的企业正在为一名员工庆祝，该员工因创下与客户电话交谈时间最长的企业纪录而获得表扬，这个纪录是5小时，如果你和我们

---

❶ 这个故事告诉我们要设身处地地为客户着想，才能提供质量卓越的产品或服务。——编者注

有一样的想法，你可能认为客服中心应该是以员工完成销售任务和挂电话的速度来衡量！这在大多数企业是很常见的衡量方法，但在Zappos则不然。该企业认定客户的回头率是一个更好的衡量标准，正因为这一点，市场上很难有其他的鞋类电商企业的增长速度能够跟得上Zappos的增长速度。

■8.员工体验：让员工觉得为你工作是一件开心的事

企业家很清楚，如果能让员工感到自己对于企业的重要性，那么员工也会让客户感受到同样的感受。

当人们参观Zappos的办公室时，这一切都会得到证实。如果你正好在拉斯维加斯，很值得花一个午餐的时间去做这件事❶。你会看到身着奇装异服的员工，各个工作小隔间的装饰大胆新奇，主题从《动物屋》（*Animal House*，美国喜剧片）到《绿野仙踪》不一。我们到访的那天，谢家华本人正闲坐在一个小隔间里，头发乱如丛林，小隔间的地上放着一只毛绒猴玩具，还散落着花生壳，你差点就从他身边走过去，错过他了。

每当参观的访客经过时，每一排隔间的员工都会敲响铃铛、鼓掌、欢呼。该企业的首席企业文化教练维克（Vic）博士为访问他办公室的访客准备了一个"王座"。他会为访客戴上一顶纸质皇冠，

---

❶　Zappos *在拉斯维加斯的总部每日开放，游客可以参观。——译者注*

然后给访客拍一张好比皇室照片的照片，还马上把宝丽来相机拍下来的快照送给访客。同样，卓越的企业对待员工如同放在王座上一样尊重，但不是真的给他们准备一个王座。维克博士是为数不多的在 Zappos 拥有私人办公室的人之一，他的墙纸由 1500 张他最喜欢的人的照片组成——那 1500 个人是整个 Zappos 团队的所有。

你会发现谢家华最喜欢的商业书籍被裱在走廊上，他鼓励大家阅读这些书，并在大厅里免费提供这些书（非常荣幸，裱在墙上的书也有我们的《成功长青》）。了解到汤普森的身份后，Zappos 团队很"自然地"要求他与导游进行呼啦圈比赛（汤普森是其年龄组的各项纪录保持者，但与我们 20 岁的教练相比还是相差甚远）。

■9. 员工的承诺：热爱，或离开

当应聘者在 Zappos 完成员工培训后，他们被要求离开。是的，你没听错。Zappos 会给应聘者一张 2000 美元的支票打发他离开。

只有极小一部分人真的离开了。

非凡的客户体验的关键是，要让不想留在团队中的人去别的地方。这听起来很残酷，但其实不然。这些人应该尽早离开，这对他们来说更好，对企业也是。他们可以专注于做自己喜欢的事情，而企业可以专注于客户。

你想要的是那些每天都说"在这里上班真好"的人。

■10. 安装：一切为客户服务

百思买通过派遣其子公司 Geek Squad（提供民用和商用的电脑支持服务的美国企业）的服务人员驾驶憨态可掬的黑白大众汽车上门服务，彻底改变了电子产品零售行业。一旦到了现场，这些技术人员就会将家用电子产品（如电脑、路由器、娱乐电子设备）整合起来，使它们真正作为一个利落的系统工作。多么厉害的概念！他们为消费者安全、省心、省时地安装各种系统，而这个系统中可能不仅仅有他们自己的产品，这一服务其实与电子制造商自身的运营方式背道而驰（电商实际上不希望设备与竞争对手的产品一起使用，他们希望客户只购买自己的产品）。

而百思买意识到自己不仅仅是一家零售店，而是可以成为一个值得信赖的服务提供商——在如今的高科技世界里，大多数电子消费产品主要销售给非技术人员，而百思买为非技术型客户解决了安装难题。客户可能都不知道自己需要这种额外的服务，但当他们发现自己拥有该服务选项，就会意识到这是其一直以来就期许的服务。如今的客户比以往更加缺乏耐心。即时满足已经不够迅速，任何为客户提供更快服务的企业都会立即成为客户首选，即使这些企业的要价更高。

■11. 处境：了解客户的感觉

纽约市地铁系统的犯罪行为曾经极为猖獗，几近失控，能够让

官员立即采取行动的方法是，让这些高级领导团队亲自乘坐地铁。惊恐之余，他们终于明白了客户的体验。

处境为王。在商业中，处境是最为强大的要素之一。当你亲身体验一个产品或服务起作用（或不起作用）时，会比在100万个电话调查中了解更多情况。

嘉信理财集团的官方网站成长为世界上最大的金融服务网站之一的过程中，汤普森曾为它工作过一段时间，他曾把嘉信理财集团的产品经理带进光线昏暗的房间，房间里挂着一面单向镜，当时的场景就好像目击证人要站在一排嫌疑人中挑选真正罪犯的场景。该房间被称为可用性实验室，镜子的另一边，有一位客户孤独地坐在电脑前。经理们会观察客户在没有帮助的情况下浏览网站，经理们可以同步看到客户操作电脑屏幕和客户脸上痛苦的表情。

客户痛苦不是客户的错，是企业的错。

与客户的亲密关系

当嘉信理财集团向客户询问其在线服务的情况时，客户会反馈说，比其他网站要好，但真的不好用。在一群平庸的竞争者中成为"鸡头"，这一位置并不是可以安于现状的"休憩之地"。

而当嘉信理财集团的产品经理在可用性实验室中目睹并感受到客户找到或解决问题是多么困难时，他们的态度发生了变

化。他们看着一个又一个客户面临一个又一个的难题，看到企业官方网站的导航给客户带来的艰难体验，深感痛心。

在目睹了十几位客户在企业官方网站上艰难地浏览产品页面后，一位产品经理猛烈敲打着玻璃说："它不在左上角，你长没长眼睛！"他指着电脑屏幕咆哮，"在右上角！"

还好，客户听不到他这番失控的发言。而且，集团创始人施瓦布之后解聘了他。

——马克·汤普森

■12. 竞争：让自己成为客户

大多数企业领导者会端坐在办公桌前，诉说自己是多么以客户为中心，但当你只端坐在办公室时，通常无法充分了解客户，领导者必须走出去，和客户同舟共济、并肩作战。

有一个简单而有力的练习，领导者可以在企业内部定期实践：要求团队中的每个人都从成功的竞争对手那里购买一件产品、参观竞争对手的营业场所、阅读对手的广告、观察对手对客户的承诺。你不必重新造轮子。❶ 有时，你只需从成功的竞争对手那里得到启

---

❶ 指重新创造一个已有的或是早已被优化过的基本方法，此用语常出现在软件开发或其他工程领域中。——译者注

发或受到打击，你就会迸发改善客户服务体验的绝妙创意，进而让客户服务更上一层楼。

奖励团队中的人产生见解。每当团队成员从竞争对手的服务中带回具体的经验时，都要给予认可。很多企业的管理者们不允许员工使用其他企业的产品。或者说，就算用了，也只能抱怨竞争者的缺点，这样才能被接受。这是一种自欺欺人的做法，往往会错失寻找改善自身客户服务的机会。

这就是客户体验的重点，它不会发生在人们的办公桌前，它要求领导者及其团队离开会议室，把电子表格和战略会议放在一边，走出去，准确地体验客户的真实体验，而不是由内部人员或办事人员在员工会议上发表的解释或粉饰过的体验。你必须独自走出去，自己成为一个客户，来观察和体验客户的感受。

正如著名风险投资家迈克·梅普尔斯（Mike Maples）所说："你可以整夜就自己认为的客户情况做出毫无根据的断言，但你所追求的事实永远不会与你同在。"

你应该多做点什么

分析客户最欣赏、企业收到最多正面回馈的行为和活动。百尺竿头，更进一步。无论出于什么原因收到客户的积极反馈，都要

认真对待。举一反三，看看是否能够在其他客户身上重现这种态度或行动。

你应该少做点什么

你应该减少或消除顾客不喜欢或不想要的活动或行为。令人惊讶的是，许多企业向客户提供的是客户并不真正在乎的服务，却同时将资源从客户真正需要的服务中转移出来。除非企业处于危机之中，"少做"往往是企业最难做到的事情。

创造性放弃

在业务发展的每一个阶段，企业都必须做好接受新事物和抛弃旧事物的准备。彼得·德鲁克称之为"创造性放弃"的过程。

你的时间、金钱和资源是有限的。要接受新事物，可能必须要抛弃陈旧的、不太有效的事物。精简企业运营的最好方法之一是消除无法提高客户满意度的活动。

领导者应该在所做的每一件事中实践零基思考法 ❶。不断地问

---

❶　指不受限于过去的成绩或习惯，从零开始思考。——译者注

自己:"我们今天在做的所有事情中,是否存在某些事情,在目前的认知下,如果有机会重来,我们就不会做?"

在每个企业和每份职业中,这个问题都有自己的答案。在动荡和快速变化的时代,总有一些活动你需要停止,这些活动在当今市场上对客户不再存有价值。

你还应该问,"我们今天提供的所有产品或服务,在目前的认知水平下,如果从头再来,我们会不会将其推向市场?"在竞争性市场上开发和销售的绝大多数产品和服务最终都会失败、遭遇停产或被淘汰。如果客户没有以足够的数量和满意的价格购买你的产品或服务,而你又无法改进它们,使其具有竞争力,那么这些产品就必然面临停产的命运。

承认当时感觉很好的理念变成不那么好的理念,需要很大的勇气。当你投入大量努力设计的某项流程对客户不发挥作用时,情况就更糟了。但你应该反复问的问题是:它(想法、产品或服务)是否行之有效?

规则是"尝试,尝试,再尝试新事物"。不要痴迷于某个想法、产品或服务。不要原地踏步,停滞不前。市场是严厉的监工,而你别无选择,必须让产品经受市场的考验。曾经理想的产品或服务不再具有吸引力或竞争力,人们已司空见惯,屡见不鲜。市场在变化,客户的喜好也在变化,这时企业应该及时止损,继续前行。

⊘ 不满足于现状

作为一项规则，每一天，你对待每一个客户的态度都应该如同自己正处于失去该客户的边缘时对待客户的态度。不断寻求方法来提高客户与企业打交道时的体验的质量。领导者应该永不满足于现状，应该不断提高自身标准。

畅销书作家杰森·詹宁斯（Jason Jennings）说："光有客户满意度是不够的，那些只在调查中感到满意的客户，一有机会就会转身离开，投向别处。想要获得客户忠诚度，就必须超越客户的期望值。"

⊘ 创造非凡的客户体验

如果你想享受一份非凡的客户服务体验，不妨去曼哈顿的四季餐厅（Four Seasons Restaurant）试一试。该餐厅也拥有极好的美食体验，你对此丝毫不会感到讶异。高耸的空间、异国情调的芬芳和反应迅速的服务人员，瞬间给顾客留下深刻的印象。但真正非凡的是餐厅服务人员如何努力以亲切和专业的方式使每一位客人感到舒适。

四季餐厅的瑞士合伙人、说话轻声细语的亚历克斯·冯·比德

（Alex Von Bidder）身着考究的手工裁剪的西装，伸着手向你走来。他举止如此优雅和温暖，以至于被称为餐饮业的弗雷德·阿斯泰尔（Fred Astaire，美国电影演员、舞蹈家）。他喜欢精心组织自己的团队，并密切参与其中，目标是每一周都进一步改善客户体验。

虽然比德习惯于为富人和名人服务，但他身上有一种彻头彻尾的朴实感，不带有任何虚假，你可以从他的声音中感受到一种敞开心扉的真诚。他深知第一印象很关键，但仅有良好的第一印象还不够。

"最好的客户体验是，营造宾至如归的氛围，让客户愿意再次光临。"比德带我们走到餐桌前时低声说。当他在房间中央的闪亮的喷泉旁边拉出一把椅子时，似乎微微鞠了一躬。很明显，这位先生很喜欢这个地方，对于客户来拜访他的"家"，他由衷感到高兴。

"想要达成如此特别的客户体验，你必须找到和你一样热爱这种体验的人。如果你能找到一名服务人员可以为客人提供精致的服务，必须请他保证把每位客人当成独立的个体来对待。没人喜欢和一个机器人或势利眼打交道。优质的服务总是会让人感觉很个性化、很温暖。"

■客户满意度的4个层次

企业可能会达到4个不同的客户满意度层次。如果你没有达到至少第一层次的客户满意度，竞争对手将很快做到，并把你的客户

抢走。

（1）满足客户的期望。当客户在购买你的产品或服务时，得到的正是他们所期望得到的，这就是第一层次的客户满意度。

（2）超越客户的期望。当你做的事情超出客户的期望时，就将客户满意度提高到第二个层次。

（3）取悦客户。你可以做出或说出一些完全出乎客户意料的事情来取悦客户，让客户感到惊喜。满足客户期望将确保企业业务能够持续发展，而超越客户期望对于企业未来的业绩增长和盈利至关重要，当你开始取悦客户时，你就将自己变成了一个"天使"。此时你将达到第三个层次的客户满意度，客户会开始认为"这是一家卓越的企业"，并更倾向于再次光顾。

（4）让客户惊叹。客户满意度的第四个层次是，你所做或所说的是非常积极和不寻常的事情，以至于让客户惊叹不已。当客户对你对待自己的方式感到非常高兴和惊讶时，他们就会开始向其他人推荐你，并主动为你带来新客户，让新客户能够享受同样的体验。取悦和惊艳你的客户可能会带来最高水平的客户满意度所带来的客户反应——"客户宣传"。

■满足客户的期望，而不仅仅是你的期望

要注意衡量成功的方式，真正的成功是满足客户的期望，而不是满足企业的期望。以下是本书合著者汤普森的一段经历，很好

地阐述了这一点。

以下是汤普森的叙述：

在某个繁忙的日子，我开车经过 Jack In The Box（美国知名快餐连锁店）的得来速（可在驾驶中点餐和取餐的通道），遇到让我大吃一惊的事情。一位工作人员接过我的订单，收下钱，然后示意我开车离开。

"什么？"我有点吃惊地问道。

"对不起，我们必须尽快让你驾车通过。你得赶快让开。"那位工作人员继续说道，好像这是某一项我不了解的规矩。

我无言以对。

"请往前开，把车停到右边！"她命令道，然后就离开了窗口。

我在车上坐了一会儿。右边没有空间可以停车。得来速的通道是一条狭窄的车道，一边是路沿，另一边就是街道上飞驰而过的车辆。我开车向前挤了挤，开上了路沿。我打开双跳灯，在下一辆车从我身边驶过之前走回得来速的窗口边。

"我马上就来，请稍等。"我走近时听到那位工作人员打发我。我微笑着解释说，我不知道开车点餐就是开着车放下钱就走的意思。我说，我会一直站在这里，直到经理带着我点的快餐（可它出现得一点都不快）出现。

看到这番情形，经理叹了口气，走了过来。他解释说，他对

Jack In The Box 系统的理解是，衡量成功的标准是处理客户点餐的速度。怎么说呢，这一标准效率尚可，但效果甚差。

"我们所有连锁店都是这样的 —— 我们相互竞争。"他如此声称，带着些许恼怒。他在与企业的衡量系统进行一场博弈，看自己能以多快的速度送走顾客，而不是送上食物。

这显然不是 Jack In The Box 计划使用的衡量方法。但是，"在执行层面可能会被混淆"这一事实意味着，领导者在繁忙的日子里对自己的店进行"神秘探访"是一个好习惯，他能够看看到底会发生什么。你必须格外注意自己原本希望达成的事情。衡量系统实际上奖励的是哪种行为？它是否改善了客户体验？员工倾向于按照企业制定的规则的字面意思（而非深层意义）去追求奖励。

在英语中，有一种对"客户"一词的定义是"必须要打交道的人"。这无意中讽刺了快餐店经理的恶劣态度。是的，你确实需要与客户打交道。但是，具有讽刺意味的是，我们经常遇到一些服务机构，它们的工作人员对客户感到反感，认为为客户提供服务是一种强迫。这就是为什么卓越的企业知道，卓越的客户体验的关键是聘用热爱客户和热爱服务的人。找到能够通过让客户满意而获得能量进行自我提升的工作人员至关重要 —— 这些工作人员乐于寻找和发现他们可以满足的客户的深层、潜意识的需求。这些需求的满足是客户和企业之间所有关系的基础。

3A 原则

（1）接受（Acceptance）。每个人内心深处都有被其他人无条件接受的需要。人们最大的恐惧之一是对被拒绝、被他人批评，或不被尊重的恐惧。一个人最大的快乐之一是被另一个人或遇到的每个人完全接受。

你和客户服务团队表达接受的方式很简单，就是微笑！这可能听上去很容易理解，但一定没有我们想象得那么简单，因为我们周围的微笑还不够多！当你对他人微笑时，会改善他们的自我形象并提高他们的自尊。你让他们感到更有价值、更受尊重。当你对另一个人微笑时，那个人的内心就会发光，并觉得在你身边很开心。如果你正在打电话，请在面前放一面镜子并对着镜子微笑，这样客户就可以听到你声音中的微笑。

每当出现"关键时刻"或是与新的或现有的客户接触时，你都应该表现出看到他们很高兴的态度。你应该开朗明亮，面带微笑，热情洋溢，见到客户就像遇到一位久违的朋友。你应该让客户因为遇到你以及与你交谈而感到高兴。

请记住一种效应叫光环效应。一个人与客户的第一次接触就奠定了一个基调，它可以照亮客户和这个人的关系的其余部分，也可以在其余部分中投下阴影。在业务中，请确保接听电话或与客

228

户交谈的人是一个积极、有礼貌、友好、开朗和愉快的人。

（2）欣赏（Appreciation）。每个人都有被认可、被认为自己很重要的深刻需求。每当你向另一个人表达对他的赞赏时，那个人就会感到自己更有价值和更重要。欣赏对人们的情绪大有影响，被欣赏的人的自我形象将大为改善，自尊将增强。欣赏使人们对自己感觉更好，并延伸为变得喜欢对方。

怎样表达欣赏？很简单，道上一句："谢谢。"抓住一切机会感谢客户的致电或购买。感谢客户的光顾，并在他们离开时道谢。给客户打电话，在留言中表达感谢。在客户交易后发送感谢信和卡片。

不断想出其他大大小小的方式，向与你开展业务的客户表示感谢。因为这种姿态往往是出乎意料的，它将使客户感到高兴和惊喜，并吸引客户一次又一次地回到你的身边，同时还带来自己的朋友。

（3）关注（Attention）。当你认真倾听客户表达他们的感受或意见时，你就表现出关注。倾听被称为"白魔法❶"，因为它对被倾听的人具有不可思议的力量和影响。当人们在表达自己的想法或感受时，如果作为倾听对象的你能够认真倾听，他们的自尊就会提升。他们会感到自己更有价值和更重要，从内心感到幸福。

---

❶　指对人有益处、有正面影响的魔法。——译者注

当你认真倾听时，对方也会认为你是一个更有价值和更有意义的人。请务必密切关注客户体验，在不打断也不尝试打断的情况下倾听他们的意见，这一点将对客户以及客户对你本人和产品的感受有着绝对积极的影响。由于光环效应，客户会不自觉地认为你的企业被管理得更好，客户服务更出色，产品和服务比你的竞争对手的更优秀、更值得购买。

■热爱客户

你可以发展的最强大和最重要的竞争优势之一，是与客户关系的质量。在各种商业活动中，最成功和能最能赢利的企业是那些最关心和照顾客户的企业。

如果企业真心热爱客户，会在业务中采取什么不同的做法？请想象，是客户亲自负责支付你的工资，保证你和你的家人的生活方式，为你的衣食住行以及在生活中享受的所有美好事物付款。还请想象，客户是完全自发地为你提供所有这些东西，不要求其他任何回报，只要求产品和服务能够按照约定做到信守承诺，并且在客户购买后持续做到此点。

如果你感受到与客户的这种强大的情感纽带，你会如何鼓励你的员工用心对待客户？

如果员工真正热爱客户，将如何改变产品或服务的提供以及交付？

通过完全按照自己希望被服务的方式来服务客户，就可以不断触发客户的这种美妙的反应："这是一家卓越的企业！"

宝贵的财富

当你决定组建一支优秀的团队来创造非凡的客户体验时，你已准备好为企业开发所有潜在的可能性。如军队中的一句口号所说："你一定能成为想成为的那个人。"你可以实现期望、达成目标，并为自己、家庭、企业和社会做出重大贡献。

作家杰克·伦敦（Jack London）说："宁化飞灰，不作浮尘。"不要走，要跑起来，奔赴你的未来。没有比现在更好的时机了，从今天开始，请把所有的精力投入到实现梦想和创造一个更好、更大、更赢利的企业当中。

这是你的一生中最大的机会之一，不要错过它。

去吧，去成立一个卓越的企业！

第七章　创造卓越的客户体验
调查问卷

1. 当你要求客户信任并购买产品和服务时，你做出的承诺是什么？

    a.＿＿＿＿＿＿＿＿＿＿＿＿＿＿＿＿＿＿＿＿＿＿

    b.＿＿＿＿＿＿＿＿＿＿＿＿＿＿＿＿＿＿＿＿＿＿

    c.＿＿＿＿＿＿＿＿＿＿＿＿＿＿＿＿＿＿＿＿＿＿

2. 客户购买了你的产品后，你要遵守哪些承诺？

    a.＿＿＿＿＿＿＿＿＿＿＿＿＿＿＿＿＿＿＿＿＿＿

    b.＿＿＿＿＿＿＿＿＿＿＿＿＿＿＿＿＿＿＿＿＿＿

    c.＿＿＿＿＿＿＿＿＿＿＿＿＿＿＿＿＿＿＿＿＿＿

3. 列出你今天为创造良好的客户体验所做的3件事。

    a.＿＿＿＿＿＿＿＿＿＿＿＿＿＿＿＿＿＿＿＿＿＿

    b.＿＿＿＿＿＿＿＿＿＿＿＿＿＿＿＿＿＿＿＿＿＿

    c.＿＿＿＿＿＿＿＿＿＿＿＿＿＿＿＿＿＿＿＿＿＿

4. 列出你和客户欣赏的来自竞争对手的有关客户体验的3件事。

    a.＿＿＿＿＿＿＿＿＿＿＿＿＿＿＿＿＿＿＿＿＿＿

    b.＿＿＿＿＿＿＿＿＿＿＿＿＿＿＿＿＿＿＿＿＿＿

c._____

5. 列出客户对你、你的员工以及你的产品和服务的3个最积极的评价:

    a._____

    b._____

    c._____

6. 列出你的3个最常见的客户投诉,以及你可以采取哪些措施来解决:

    a._____

    b._____

    c._____

7. 什么是客户关系的3A原则,以及你如何将它们融入每个客户的

    体验?

    a._____

    b._____

    c._____

根据你对前面7个问题的回答,你打算立即采取哪一项行动来创造

良好的客户体验?

_____

_____

_____

第八章

总　结

最重要的事情绝不能受最不重要的事情牵绊。

—— 歌德

德国著名思想家、作家

虽然成立一个卓越的企业和实现利润最大化是重要的目标，但你的更主要的目标应该是过上美好的生活。必须先解决自己的生活问题，然后才能解决企业业务问题，或成为一个卓有成效的企业领导者。

不管短期经济波动如何，我们正生活在人类历史上的好时代。在未来的岁月里，有更多的机会和可能性让更多的人实现自己的目标。你的目标应该是成为这些人中的一员。

🔷 未来导向

建立美好生活所需的第一个导向是未来导向。过上美好生活的起点是，你首先应该确定，如果能够创造美好的生活，那美好的生活究竟是什么样子。正如一句话所说，"如果想让梦想成真，你必须有一个梦想。"我们把这种做法称为未来导向。

卓越人士大部分时间都在思考未来。要创造一个伟大的人生，你要按照古往今来伟人们的思维和行为方式来思考和行动。你要按照他们所用的方式思考和想象，这样，你很快就会取得同样的成就。

■尝试理想化

想象一下，在未来的岁月里，你可以成为想成为的人、拥有或做任何你想做的事情。这一切会是什么样子？想象一下，你有一根魔杖，你可以挥舞它，创造你所希望的任何一种未来。这个未来与今天相比有什么不同？

现在我们开始理想化的过程，首先想象自己没有任何拘束，不受任何局限。想象一下，你拥有所有的时间和金钱，所有的知识和技能，所有的教育经历和经验，以及你所需要的所有朋友和人脉。如果没有任何限制，你会为自己创造一个什么样的"五年梦想"？

从你的事业、业务和收入开始。如果五年后的你打造了一个完美的企业，它会是什么样子？与今天相比会有什么不同？

　　如果你正在赚取理想的收入，做你最喜欢的工作，和你真正喜欢的人共事，在你渴望的职位上，那会是什么样子？与今天相比会有什么不同？从今天开始，你可以做什么来为自己的工作和理想的未来职业愿景打拼？

　　想一想你的家庭和个人生活。如果你可以挥动魔杖，在五年后创造一个完美的家庭环境，会有什么不同？你会住在什么样的房子里，会在哪里？你会有什么样的生活方式？你想为家人做什么？和家人一起做什么？你想拥有什么样的假期和旅行？

　　为了打造自己的完美生活方式，你必须采取哪些步骤才能从今天的位置到达希望在未来某个时候达到的位置？最重要的是，你可以立即采取什么措施，开始使你的未来愿景成为现实？

　　想想你的身体健康。如果你的健康状况在各方面都很完美，你与今天相比会有什么不同？你的体重是多少，运动量是多少，健康水平是怎样的？如果你的身体各方面都很健康，你会有什么样的能量，会从事什么样的活动？

　　你可以立即采取什么措施来开始创造一种非常健康的生活方式？

■思考财务状况

　　最后，思考一下你的财务状况。人无法击中看不见的目标。

你对财务生活的最终目标越清晰，就越有可能实现这一目标。

为了实现财务自由，首先要确定你的"具体数字"。这是你希望在退休时拥有的存款、用于投资并能持续创造财富的金钱总额。正如关系顾问、作家芭芭拉·德·安吉利斯（Barbara De Angelis）曾经问过的，"你需要多少钱才能感到满足，如果实现了，然后你会怎么做？"

这个数字的计算方法是，如果完全没有收入，你必须拥有多少金钱才能继续维持目前的生活方式？将房租、贷款、生活用品支出、旅行费用、医疗费用等加起来，确定自己每月的必要开支。

然后请反躬自问，如果今天，你的收入被切断，你可以靠目前的存款和投资回报生存多久？这一问题的答案将反映你目前的"金钱消耗率"是多少，以及还可以维持多久。

当确定了每月的最低财务要求后，将这个数字乘以12，以确定如果收入被切断一年，你将需要多少钱来维持生计。这些过程可能看起来很简单（确实简单），但令人惊讶的是，不论收入或财富水平如何，很少有人真正花时间制订一个预算，为自己特定的生活方式预留资金。我们见过千万富翁在这方面的失败。一旦想清楚自己真正需要多少钱，你就会发现可以减轻压力并使自己更有效率。

最后，将每年的金额乘以20来确定你的"数字"，即退休时所需要拥有的储蓄、用于投资和持续创造财富的金钱总额。为了简化该等式，你可以将每月需求量乘以240，就是自己财务积累和财富独立的目标金钱总额。

■规划余生

人类的平均寿命还在上升。既然你决心享受健康的体魄，应该计划在退休后再活20年。投资顾问建议，你应该能够以每年4%或5%的比例无限期地提取累积存款，并且永远不会耗尽本金。这就是你的目标。

当确定了长期财务目标后，请再回到现在，确定自己今天的价值。想象一下，你要卖掉所拥有的一切，搬到外国居住，你手里会有多少钱？

然后请画一张图，左下角是你目前的净资产，右上角是你期望拥有的净资产。把这张图表垂直划分为若干个5年区块，然后是若干个1年区块，这样你就一目了然，知道每年要赚多少钱、存多少钱、投资多少钱、积累多少钱才能实现目标。

建立退休基金的最有效的方法之一是储蓄——将每个月的实际收入的10%存起来。这种方法将帮你快速积累资产。无论你的收入水平如何，也无论你的存款金额有多少，每个月预留一部分存款非常重要。当你的经济状况很困难时，你可能会觉得这样做很难，但你越早将存款当成一种习惯，你的财务状况就会越好，你也会越早实现自己的梦想。

　　然后就是付诸行动，因为永远无法保证任何事情都会完全按照计划进行，所以行动是对未知事物的信念的飞跃。万事开头难，在你真正迈出第一步之前，什么都不会发生。好的一面是，只要能迈出第一步，你就会立即得到反馈，能够自我纠正。你开始获得知识、技能、想法和见解，这将帮助你更明智地朝着目标前进。当开始向前迈进时，你开始感到更多的能量和热情，你会因为前进的感觉而感到快乐。

　　当迈出第一步的时候，你也会拥有足够的视野来迈出下一步。如果你能一直看清前方的目标，并且在实现目标的过程中保持灵活，那么你将始终至少领先一步，你将知道下一步该做什么。

目标导向

　　建立美好生活所需的第二个导向是目标导向，也就是说，你对未来几个月和几年内要完成的工作有明确的、具体的书面目标。

　　拿出一张白纸，列出你想在明年完成的10个目标。请使用3P公式：现在时（present tense）、积极的（positive）和个人的（personal）。

　　（1）现在时。始终用现在时来书写目标，仿佛一年过去了，你已经完成了目标。不写"我要赚多少钱"，而是写"未来12个月，我赚到多少钱"。

（2）积极的。不要使用消极词语，要用积极的词语写下目标。不要写"我要戒烟"，而是写下"我不吸烟"（积极和现在时）。

（3）个人的。要代入自己，有两种方法。对许多人来说，最有效的做法是在每个目标陈述中以"我"开头，然后跟一个动词——"我有34英寸（约86.36厘米）的腰围。"有些人可能更愿意在每个目标陈述中称自己为"你"。试着说："你正在享受全新的办公室"或"你已经实现了目标"。

目标陈述越短、越精确——以"我"起头，后面跟一个代表行动的动词，用现在时，用积极的语气——就越能迅速被自己的潜意识接受。

一旦目标被"编入"你的意识（这也是你需要写下它们的原因），你的潜意识和超意识就会开始工作，时时刻刻将这些目标带入你的生活。当你列出了10项以现在时陈述的、积极的、个人的目标，纵览这份目标清单，想象自己有朝一日一定会实现这个清单上的所有目标——只要你足够渴望实现它们。但现在也请设想一下，你可以在24小时内完成这份清单上的任何一个目标。问题来了：如果能在24小时内完成，哪一个目标会对你的生活产生最大的积极影响？我们问这个问题并不是要逼你在一天之内真的实现这个目标，而是要让你考虑什么会给你的工作和生活带来最令你满意的变化。

不管这个目标是什么，画个圈把它圈起来，然后把它写在另一

张白纸的第一行。实现这样的目标有一个简单的7步流程，你在余生都可以使用。

■实现目标的7步流程

步骤1：使其可衡量。确切决定自己想要什么，要做到足够具体并可衡量。你的目标应该非常明确，明确到一个 10 岁的孩子都可以告诉你离实现它的距离。

步骤2：记录下来。赋予它具体的形式。把目标写下来的人所达成的成就是只在脑中存有目标的人的10倍。

步骤3：设定期限。如果想实现目标，就需要拥有分阶段目标。如果目标太大，也可以设置子截止日期。

步骤4：列出任务清单。列出你能想到的为实现目标可能做的一切。如果想到新的任务和活动，就立即记录、补充，直至你认为清单足够完整。

步骤5：确定优先事项。按顺序和优先级组织清单。按正确的顺序排列清单中的事项，确定首先要做什么，然后再去做其他事情。确定哪些是比较重要的，哪些是不太重要的，按优先顺序组织清单中的事项。

一份按顺序和优先次序排列事项的清单就是一份计划。现在你已经有了一个目标和一份计划，而且是书面的，现在的你已经准备完毕，鼓足劲要为未来努力打拼了！

步骤6：立即针对计划采取行动。做点什么，随便做点什么都行，抬头挺胸，昂首阔步，意气风发。脑中浮现激励人心的格言警句，勇敢出击，但切忌好高骛远，每一步需脚踏实地。去和你想要成为的人聊聊，获得启发，感受能量，从你敬佩的人那里获得一些见解。针对目标采取行动本身就是一个想法到激情的变化的开始，将一路改变你的人生。

步骤7：每天一点进步。每天都做一点让自己进步的事情。一周7天，一年365天，每天都做一点实实在在的事，做任何能让你朝着正确方向前进的事。跬步千里，水滴石穿。这种前进的动力感会让你充满活力和能量，最终变得不可抵挡，所向披靡。

🐬 行动导向

建立美好生活所需的第三个导向是行动导向。当人们拥有行动力导向时，会对未来憧憬的一切都付诸行动，从而向其他人证明（并进一步说服自己）：我对未来充满热情。当你全身心投入做一件对自己意义重大的事情时，你所爆发的激情是最具感染力的。

几乎所有成功人士都有强烈的行动导向。他们永远都在不断行动。他们对新事物尝试，尝试，再尝试。成功人士信奉的原则是：去行动、去尝试、去修正。

■概率法则

生活中的成功更多是概率法则的结果，而不是普通的运气。概率法则说，任何事情都有可能发生，包括你实现自己最重要的目标。这条法则还说，你尝试的事情越多，就越有可能取得成功。

你朝着目标的方向采取的行动越多，实现该目标的概率就越大。你学习和尝试的东西越多，行动就越快，覆盖的范围就越广，就越有可能如期实现你人生最重要的目标。

■能量的螺旋

行动越快，能量就越大；行动越快，涉及的领域就越多，得到的经验就越多；行动越快，就越有可能成功；越是成功，就越有动力采取更多的行动，尝试更多的事情，并覆盖更多的领域。当你把自己投入到能量、热情、动力和最终成功的上升螺旋中时，你已经不可抵挡。

没有人为你的生活设限，只有你把思维强加给自己，结果造成了局限。请相信自己，相信自己有无限的可能。请相信，你和想要达成的理想之间的障碍是自身的疑虑和恐惧。

我们相信，你可以做任何事，成为任何人，拥有任何东西，只要你下定决心。决定你想要什么，写下来，制订一个计划，并立即采取行动。

现在，去创造美好的生活吧！

博恩·崔西职场制胜系列

《市场营销》
ISBN
978-7-5046-9127-9

《领导力》
ISBN
978-7-5046-9128-6

《谈判》
ISBN
978-7-5046-9166-8

《管理》
ISBN
978-7-5046-9167-5

《激励》
ISBN
978-7-5046-9168-2

《高效会议》
ISBN
978-7-5046-9182-8

《时间管理》
ISBN
978-7-5046-9195-8

《授权》
ISBN
978-7-5046-9196-5

《商业战略》
ISBN
978-7-5046-9200-9

《销售管理》
ISBN
978-7-5046-9259-7

《涡轮策略》
ISBN
978-7-5046-9274-0

《涡轮教练》
ISBN
978-7-5046-9273-3

《重塑自我》
ISBN
978-7-5046-9282-5

《压力是成功的跳板》
ISBN
978-7-5046-9289-4

《个人成功法则》
ISBN
978-7-5046-9393-8

《创造力与问题解决法》
ISBN
978-7-5046-9315-0